THE LEGEND OF BRIDGES

梁传奇

山西出版传媒集团　山西教育出版社

图书在版编目（ＣＩＰ）数据

桥梁传奇/汪鑫编著. —太原：山西教育出版社，2015.4
（2022.6重印）
ISBN　978-7-5440-7559-6

Ⅰ. ①桥… Ⅱ. ①汪… Ⅲ. ①桥梁工程-建筑艺术-世
界-青少年读物 Ⅳ. ①U44-49

中国版本图书馆 CIP 数据核字（2014）第 309861 号

桥梁传奇
QIAOLIANG CHUANQI

责任编辑	彭琼梅
复　审	李梦燕
终　审	张沛泓
装帧设计	薛　菲
印装监制	蔡　洁

出版发行 山西出版传媒集团·山西教育出版社
（太原市水西门街馒头巷7号　电话：0351-4729801　邮编：030002）

印　装	北京一鑫印务有限责任公司
开　本	890×1240　1/32
印　张	7.75
字　数	184 千字
版　次	2015 年 4 月第 1 版　2022 年 6 月第 3 次印刷
印　数	5 501-8 500 册
书　号	ISBN　978-7-5440-7559-6
定　价	48.00 元

如发现印装质量问题，影响阅读，请与印刷厂联系调换。电话：010-61424266

前　言

◇ ⋯⋯⋯⋯⋯

　　桥是形声字，从汉字"桥"可以看出桥应该是木质结构，架在河上连接两岸可供人们通行的建筑物。《说文》中解释：桥，水梁也。从木，乔声。骈木为之者。独木者曰杠。著名桥梁专家茅以升，更形象地说桥是一条经过放大的板凳。

　　桥是一种架空的人造通道。由上部结构和下部结构两部分组成。上部结构包括桥身和桥面；下部结构包括桥墩、桥台和基础。它们高架低拱，形态各异，有的雄踞高山野岭，大气磅礴；有的跨越沟壑溪流，幽静典雅；有的坐落闹市通衢，造型奇巧；有的一桥多用，巧夺天工，妙不可言。不管风吹雨淋，无论酷暑严寒，它们总是默默无闻地帮助广大的行人、车马跨江过河，飞津济渡。

　　若以建桥的主要材料分，便有木、石、砖、竹、藤、铁、盐、冰桥等之别。其实人类在原始时代，是利用自然倒下来的树木、自然形成的石梁或石拱、溪涧突出的石块、谷岸生长的藤萝等跨越水道和峡谷的。

然而，桥梁的功劳再大，它不过为一器物罢了。器物实用，实用者便不美——很多美学家都是这么说的。

把桥当作是"工具"，这造成在建筑美学这个重要领域形成之前，桥的确没有什么美可言；就算它具有一定的审美价值，如果没有人文因素直接或者间接地介入，它还只是空有肉体的躯干，没有灵魂的肉体，没有美感可言。

桥给人们带来交通的便利，没有桥，人们就失去了接应，失去了贯通。但是桥梁不仅仅是道路的衔接与延续，也是人类文明的延伸。

桥梁除了具有交通功能之外，其背后还有很多的故事，让其从器物的层面上升到精神的高度。子曰："知者动，仁者静。"河流与桥梁，有如智者与仁者。康河的水日夜流淌，唯康河上的桥，康河上的叹息桥，静静地立在那里；从它身上走过的，有智者，有仁者，也有极其普通的人，它自己其实从未叹息过。

是的，有了人间沧桑，有了悲欢离合，有了无数的阴晴圆缺，桥便脱离了器物的范畴，甚至超越了建筑学的意义，而成为一个文化符号，乃至情感和情绪的表征。

首先，桥是一种力量，代表人对自然的勇气和征服。不管是险关隘道，还是江河急流，是深涧峡谷，还是海峡湖汊，即使是最简单的藤桥木桥的出现，都暗示出人类征服自然的欲望，希望以人力之功，征服大自然。毛泽东"一桥飞架南北，天堑变通途"，这不仅是一个伟人的大胆和胸怀，也是人类面对自然表现出的想象力和创造力。

桥在古今中外的文化长廊中，是极富魅力的，它具有的不仅仅是实用功能，更承载着太多的文化意义，成为文人墨客摹姿绘形、抒情叙怀的对象，留给我们无边的遐思。

古人的诗歌中也多有对桥的描述、对桥的赞美，从古代马致远的"枯藤老树昏鸦，小桥流水人家"，陆游的"驿外断桥边，寂寞开无主"，再到近代徐志摩《再别康桥》，法国诗人阿玻利亚感叹时光流逝，写下"米拉波桥"等，举不胜举。

桥能融入环境、美化环境，一座著名的桥梁肯定是一个地方亮丽的风景线。有些桥还是名胜古迹，杭州西湖的断桥残雪的风韵、西安灞桥的折柳送别的习俗、扬州瘦西湖的"二十四桥明月夜"等都有丰富的文化和历史底蕴。

也正是因为征服中的得意吧，人们将桥和周围的山水景致融为一体，构成了一幅又一幅美不胜收的图画，使得桥具有了更多的审美价值。

桥，离不开山，离不开水，离不开桥头柳，离不开路边梅，波中倒影，波上画船，无不显示出诗情画意的美。

桥还与民众的风俗习惯联系在一起，形成一种重要的文化现象，人们往往在节庆之日举行热烈的庆祝活动，而节庆活动的场所或活动的内容，就离不开桥。

桥，见证了爱情的忠贞。曹丕有诗"牵牛织女遥相望，尔独何辜限河梁"，李白也有"常存抱柱信，岂上望夫台"的佳句。至于梁祝"草桥结拜"、牛郎织女"鹊桥相会"、许仙和白娘子的"断桥定情"以及"虹桥赠珠"等等，无不表露出爱情的浪漫。国外经典爱情故事《廊桥遗梦》《魂断蓝桥》，让人记住了桥，也记住了催人泪下的爱情。

桥，见证了人间的别离。灞陵桥边多古柳，春风披拂，飞絮如雪，折柳相送，黯然神伤。

桥，见证了历史的兴衰。唐代诗人李益以金谷园引出洛阳桥，由历史照现实，从欢乐到哀伤，用消失了的历史豪奢比照正在消逝的繁华。

桥既是漂泊中的一处驿站，可以做短暂的停留，也是踏上新的旅途的起点，接引出更多的未知，还可以让人联想到家乡村口的小河小溪，童年的天真烂漫，或者守望在家乡小桥的亲友恋人。无论如何，桥作为一个相对孤独的存在，总会给那些四处漂泊的浪子以亲切之感和悲怆之情。张继的《枫桥夜泊》道尽了千百年多少游子的心酸和文人的家国之忧。

桥成了激发人们情感的媒体，与水相连，与天地相接，也与理想抱负相关联。

除此之外，更有许多桥以人名、人以桥传的故事。美国的华盛顿大桥，则是为了纪念美国的开国元勋乔治·华盛顿；题扇桥，因传王羲之在此给老妪题扇而得名；内纺车桥，则与越王勾践卧薪尝胆励精图治，"身自耕作，夫人自织"的故事有关……戏曲中也有不少"桥戏"，如《草桥惊梦》《长坂坡》《草桥关》等等。

桥，是人类文明进步的标志之一。它把千里迢迢的距离于顷刻间化为乌有，让汗血马少流血汗。它团结大地、联络村庄，使旷野和旷野不再成为苍天之下的孤立。它使人和人之间的交往变得更容易，心和心之间的距离变得更近。当桥超越了它自身的实用功能，留给我们的往往是不可名状的凄美、无法言喻的悲凉、充满诗情画意的遐思，这是何等的奇幻深邃！

桥梁，近乎不朽的存在，相对于周围的山石土木等自然之景，桥似乎更具有生命意识，它是人类的创造，又是相对的独有的存在，它沟通的不仅仅是物理上的沟壑，缩短的不仅仅是空间上的距离，它还是连接历史和现在的纽带，是见证现实和理想的永恒。

桥，古往今来，人们心里一道永不磨灭的风景。

目 录

01　天地初生孕石桥

◇·················

　　在中国华北阜平地区有一座宏大的天生桥，又称仙人桥，是中国目前发现的最古老而又规模最大的天生桥，距今28~29亿年。阜平天生桥桥长27米，宽13米，高13米，坐落在落差112米的瑶台大瀑布之上，横跨瀑布南北两端，十分雄伟壮观。这里地势十分险峻，从桥上俯视，是百丈深渊，令人生畏。天生桥上方还有一高60米的瀑布，登上天生桥，就钻进了瀑布的后面，这里又是一番绝妙的景色：瀑布珠帘，凉风习习，点点水滴随风飘到脸上，在心旷神怡的同时，不禁让人想起《西游记》中的花果山水帘洞的美景。在被这绝佳的自然美景深深折服的同时，人们不禁要问，这样神奇的天生桥究竟是怎样形成的？

　　其实，这就是地球在漫长的地质进化过程中所造就的鬼斧神工。在距今30亿年左右，华北地区发生构造变质热事件，使地层产生强烈变质和混合岩化作用。在阜平构造期，陆核南北两侧都发生了大规模凹陷，相继堆积了8000~13000米阜平群的原始沉积岩及少量火山岩。根据岩矿鉴定，副矿物特征、特征微量元素比值等多种方法的综合分析确定，龙泉关岩群的跑泉厂组至榆树湾组的原岩以长石砂岩、凝灰质砂岩与碳酸盐岩为主，伴有部分火山碎屑岩和火山岩。

早在28亿年前，阜平地区曾是一片海洋，在海水中沉积了泥质、铁质砂和灰泥等沉积物，28亿年的阜平运动使原来沉积的岩层发生褶皱、变质，形成了深度变质岩和混合岩，地壳上升为陆地。距今18亿年的吕梁运动使阜平地区与整个华北地区形成了统一的地台地基。由于地壳多次上升、下降，海水进退频繁，直到距今4.4亿年，阜平地区与整个华北一起上升为陆地，喜山期和新构造运动阶段，这一地区受到印度板块向北挤压、强烈隆升及断块运动，使园内奇峰耸峙、怪石嶙峋、峡深谷幽、溪清瀑高、秀木森森、花草芬芳，形成了中国最大的变质岩天生桥和北方最大的瀑布群两大地质奇观。

天生桥是由山谷瀑流沿裂隙冲蚀崩塌而成，天生桥瀑布在全国罕见。桥面是由伟晶岩构成，比较坚硬，微呈拱形，结构奇特。桥上鸟语声声，桥下碧水长流，桥前百丈深渊，桥后碧水一潭，左右山峰壁立，四周绿树葱葱。山、水、树、桥相互映衬，且随季节而变：夏季丰水期飞流直下，如万马奔腾，响彻云霄；春秋枯水期，潺潺流水，如撒珠抛玉，声韵清脆；冬季瀑水成冰，晶莹剔透。身临其境，犹入仙界。

阜平天生桥

多年前读沈从文的《边城》，他笔下那20世纪30年代川湘交界的边城小镇茶峒，湘西地区特有的风土人情，让人充分感受到人性的善良美好与心灵的澄澈纯净。小说中他用优美的笔触，空灵的文字，描述的正是人们心里向往的世外桃源。而今的"边城"，从某种意义上来说，已不仅仅是某一具体地域概念上的称谓，早已成为旅游爱好者向往的理想目的地的代名词，成为返璞归真、追求自然致远的一种崇高意境。

"边城"也许是人们心中向往的美好，但是八百里太行山的腹地即有一处世人少往的生态境地，那就是坐落在河北阜平县的天生桥国家地质公园。无论是山石，还是树木，都有一种原始沧桑的气息。暖温带地区稀有的原始森林、太古代的地质奇观、抗日战争时期的人文风物、千姿百态的瀑布群和那一片片青翠欲滴的亚高山草甸……丝毫不亚于国内任何一处5A级风景名胜区。更为难能可贵的是，"天生桥"少被人知，更无大景点那人头攒动、摩肩接踵的喧闹。很多人来到天生桥之后，流连忘返，只恨时间仓促，不能在此长住。

阜平天生桥国家地质公园位于河北省阜平县西部山区，主要地质遗迹面积32平方千米，以形成于大约25亿年前的太古宙阜平群标准剖面和天生桥瀑布群等地质地貌景观为特色。景区地貌类型为构造侵蚀断块山，峰峦重叠，苍山如海。

天生桥瀑布盛水期飞流直下，势如闪电，声若奔雷；枯水期清流潺潺，叮咚有声；冬季飞瀑凝固成冰柱，如银枪玉挂，映衬着附近的玉树琼花，宛若人间仙境，如痴如醉。瀑布群四周春夏季节层峦叠翠，林海滔滔，幽峡如画。当地流传的"人参娃""通天梯""光棍汉""寡妇槽"等美丽动人的传说，更让这里增添了扑朔迷离的色彩。公园主峰百草坨，海拔2144米，素有"百花、百草、百种药"之说，峰顶宽坦如砥，草茵幽幽，金莲花、卷丹花等星星点点。400公顷人工栽植的落叶松与4667公顷白桦林为主的乔灌木杂树共生的原始次生林，把绵延迂回的苍山渲染得如诗如画。在饱览了山顶秀丽的自然风光和奇妙的天象景观后，谁能想到，山花织锦的百草坨曾是1927年晋军与奉军交战的战场，当年"死人坡"上曾尸横遍野，血流成河，阎锡山部所挖的防空洞残存的几处成了今天人们避雨之所。曾经的创伤早已痊愈，如今这里绿树葱茏。春天，这里的冰雪迟迟不化，到了初夏时节，沟内尚堆积着残留冰雪，而阳坡上则花红柳绿、姹紫嫣红。一座山岭，两个季节，实乃人间奇观。

地质公园里那匹28亿年前的石骆驼，仍旧日夜翘首仰望着东方。走在去天生桥的山路上，一朵盛放在原始状态下的"石玫瑰"

让人为之惊叹，它也有上亿的年龄
了。这里很多山谷都有被称为"漂
砾"的巨大碛石，同样也是年龄上
亿，身上都有冰川时期的痕迹。

　　如此古老的地球原始风貌，实
在不容错过。如此生态的阜平城，
没有理由沉默下去。大家可以随时
寻个周末，邀朋唤友，自驾或搭乘
旅游班车前往天生桥探一探它的神
奇。无论是一次小规模的摄影比
赛，还是登山穿越，或是生态考
察，或者干脆什么也不做，仅仅是

天生桥国家地质公园

休闲赏景，家人小聚，阜平天生桥国家地质公园都是不错的选择。

　　景色宜人的天生桥瀑布群景区还附会着深厚的历史文化内涵，
从景区边缘穿过的定龙公路，清代康熙、乾隆皇帝曾多次到五台山
时路经此地，后人称之为古御道。与之有关的景点教厂行宫、马刨
泉、龙宿庵、回龙巷、招提寺、三箭山等威风依旧，还有那盘亘于
雄峰当中的明长城，在阜平境内长达120千米，一座座草木葱茏的
烽火台似乎仍在飘着淡淡的报警狼烟。在抗日战争和解放战争中，
中国的十位元帅有八位在这里留下了光辉的足迹，聂荣臻元帅曾在
此演绎出他军旅生涯中最惊险的一幕。

02 魔鬼花园现史前

◇ ．．．．．．．．．．．．．．．．．．

一座天然石拱桥凌空飞架在干涸的河流之上，如红色匹练一般的桥身，几乎是完整的四分之一圆弧。粉红色砂岩中夹杂着炫目的暗紫色，在午后时分则又转换成魅惑的赤褐和金棕色。这就是美国犹他州红岩沙漠区的峡谷之上，位于史前魔鬼花园中，让人叹为观止的彩虹桥。

每当游人来到彩虹桥下时，景区工作人员会指着刻在岩石地面上一处若隐若现的神秘图案遗迹，绘声绘色地给游客们介绍有关石拱门的传说，那个图案以及若干符号一定是外星人留下的，其中或许记录了建造石拱门的年代、方法、用意以及某个星球的信息和秘密。从尤里破译出的前18张金属片上那些符号之后所撰写的报告中可知，外星人建造这座石拱门是为了给地球上的人类提供指向，即：当地球自转到某个角度，嵌入石拱顶上的一个金属指针正好指向他们所居住的星球。

这当然是这个奇迹让人产生的联想，不过到石拱国家公园参观的游人很容易身处"险境"，经历数千年风沙和罕见的沙漠暴风雨的侵袭，石拱门是残酷地质变化进程的有力证明。所以来自石拱门顶端的岩石很容易掉落下来，砸伤路过的游人，很难说这种令人惊讶的地形能够持续存在多长时间。

好莱坞大片《圣战奇兵》开始的场景是一处近乎魔幻的地方，横空而过的石拱，形态奇特、场面宏大，让人们一直觉得这只可能是好莱坞大师们用计算机构建而出的。直到走进石拱国家公园才发现，这场景不仅是真的，而且比在银幕上所见更能震撼人心。

《圣战奇兵》中的场景拍摄于双拱。造物主实在太眷顾游客们了，环绕着平坦的停车场，是一圈排列着双零拱、南北窗等规模巨大的石拱。而最让人叹为观止的自然是如一个巨型露天剧场的双零拱。方圆百米的一块巨岩竟然同时形成了两道石拱，拱顶和石壁石柱是自然的画框，将蓝天和四野切割成各种形状。

彩虹桥

这座浑然天成的彩虹桥长度是94米，横跨85米宽的峡谷，相当于跨越了三个篮球场的长度。桥顶宽10米，可以并排停放两辆小汽车，从底部到顶部有88米，差不多30层楼房那么高。它从山峡一侧峭壁边缘向上伸展，在另一侧逐渐向下弯到峡谷底部，桥身内侧平滑弯曲，好像一个巨大的茶杯柄，更像一弯彩虹跌落人间。

居住在该区的纳瓦霍人相信这真是一条变成了石头的彩虹,他们认为彩虹是宇宙的卫士,把该桥视为圣地。所以在很长的一段时间里,这里一直不为人知,只是在尤特印第安人和纳瓦霍印第安人之间流传着很多关于彩虹的神话,其中就提及了一道关于"石彩虹"的传说,不过据说那是一座美丽的石拱,因其形状和颜色都酷似彩虹而得名,并且只有少数当地土著知道它的确切位置。

20世纪90年代有人听说了这一传说,他们骑马走过那些石头荒原和那些迂回曲折的峡谷,决定要亲眼去目睹这一非凡的天然景观。当时,他们雇了两名当地的印第安人做向导,在穿过美国境内最苍凉的荒野后,终于找到了传说中雄伟的天然彩虹石拱桥。当彩虹桥出现在他们面前时,他们震惊了。这座天然石桥,不仅形状如同彩虹一样弯悬在那里,连颜色也极为相似,简直就是天上的彩虹在人间的永恒再现。

美国前总统罗斯福赞叹不已,并称这座石拱是世界上最壮观的天然奇景,是大自然最杰出的作品。这座石拱桥其实是突出悬崖的石嘴,横跨于石桥河之上。石桥河素来流量很小,不过在雨季来临时河水会突然暴涨,并带来大量的泥沙。这些泥沙日积月累地冲击石嘴的基部,终于把石嘴基部掏空,因而形成桥孔,并留下了造型优美的石桥高悬于半空。石桥在强风的侵蚀雕刻下,表面被打磨得越发光滑,线条也越发流畅。

"石彩虹"是纳瓦霍印第安人向往的圣地。到达那里只有一条途径,这条途径隐蔽在狭窄的峡谷中,其路坎坷无比。因此第一批到这儿的白人后来才恍然大悟,为什么"石彩虹"不被大多数的印第安人所知了。

1910年,这座世间罕见的奇景彩虹桥被美国列为国家名胜,并予以保护。1964年格伦峡谷大坝落成后，格伦峡谷大坝拦截河水蓄成鲍威尔湖，这使科罗拉多河水面升高，曾经到达石拱难以穿越的陆地险径被易于通航的水路所代替，游人已经能够方便地乘船抵达彩虹桥的附近。

彩虹桥其实是美国石拱国家公园中最为壮观的一座，石拱国家公园中精致拱、双零拱、派克大道，形态宏伟，尽显大自然的鬼斧神工。石拱国家公园里汇集了全世界一半以上的自然石拱，从已然风化得摇摇欲坠的石桥，到那些石壁刚刚洞穿，还没有得到正式命名的石拱婴儿。这里记载在案的石拱竟然达1500处，更不要说奇峰异谷，数不胜数，形态各异，匪夷所思。见过大自然的奇妙，却从来没见过如此的奇妙。

在几个世纪以前，人们无法解释这一神奇的自然现象，只能将它归于神魔鬼怪的杰作。但是大自然的进化过程本身就是一部时空大手笔的长卷，不着边际的神鬼故事太过委屈这些石拱。石拱国家公园所在的Moab（摩押）地区在史前曾经反复为海水淹没，一次次消退的海水在这里留下厚厚一片盐层。盐层不稳定，地表岩石重压下此凹彼凸，使得一部分覆盖在上面的沉积砂岩被顶裂并且突出于地面。之后千万年的冰封和化冻，水流和风沙的冲击，形成了今天的独特地貌。穿出地表的山岩因为风化或流水作用，岩体上有时会形成穿透空穴。日久天长，空洞越来越大，洞顶上岩石就成了一道横空出世的石拱。这一与众不同的景观是在内陆海不断形成又消失的过程中，自后石炭纪历经3亿年的时间才逐渐形成的。

和美国其他国家公园相比，石拱公园相当慷慨，还没有进大门，壮丽的风光就已经呈现在眼前，科罗拉多河从石拱公园大门外流过，河边小镇Moab就成了来石拱公园游览的住宿大本营。

　　这里值得一游的地方实在太多了。景色只是一部分，更有意思的是可以去想象，甚至观察大自然在这里演变的过程。人可以沿着两侧的巨石攀上石顶，也可以扶着两侧的石壁往石缝中蹭。

　　石拱国家公园最佳的参观时间是春秋季节。这里大部分地方地势相对平缓。常去的景点中比较难走的是从 Wolfe Ranch（沃尔夫牧场）出发去精致拱下的小路，该路大部分在裸露的岩体之上，虽然不需要攀岩，但坡度依然相当大。如果你不怕累，也不在乎和很多人一起挤在拱下，那儿的视角确实会让人惊叹。如果体力不足，建议你别停在 Wolfe Ranch，再往前开一段路，有个相对容易就能看到精致拱的观景点，可以从这里远眺落日时分的精致拱。

　　精致拱是石拱国家公园的镇园之宝，也是犹他州的地标，印在每一块犹他州的机动车牌上。这座高达20米、其下足够建一栋六层楼房的石拱确实长得太精致了，拱弯粗细有致：一侧拱柱渐渐变宽，稳稳"站"在下面的巨大石坡上；拱另一侧优雅垂下，似乎轻不着力地点在一块巨大的石基上。攀上正对着精致拱的另一侧山坡，安静坐着，可看到太阳一点点沉向地平线，阴影从山谷中升起吞噬夕阳照耀下的砂岩。拱身的色泽愈发血红，拱下一点点的都是游人，和高大的拱身相比，显得那么微不足道。

石拱国家公园精致拱门

03　　　　　　　　　　奇桥置身侏罗纪

◇⋯⋯⋯⋯⋯

　　桂林山水甲天下，桂林山清、水秀、洞奇、石美，各种景观中以象鼻山最为著名。象鼻山因山形酷似一头伸着鼻子汲饮漓水的巨象而得名，它神奇壮观、形神兼备，鼻和脚之间造就的水月洞如同一轮临水皓月，构成"象山水月"奇景。

　　在中国桂林有名扬天下的象鼻山，在英国也有一个和象鼻山非常相似的地方，那就是英国的杜德尔门。杜德尔门是坐落于多塞特郡侏罗纪海岸的一座天然石灰岩拱桥，名字源于古英语的"thirl"，意为"孔"，形成于一条纵式海岸线上。

　　杜德尔门被誉为英国的象鼻山，但是和桂林的象鼻山还是有很大的差别。桂林的象鼻子喝江水，而杜德尔门的象鼻子喝海水，更加壮阔，象鼻子的两边是两个大小不一的海湾，海水非常清澈。雄伟的杜德尔门倒映在海水中，相映生辉，每当波光粼粼的时候，景色宜人，如梦如幻。

杜德尔门

其实杜德尔门是由悬崖组成的，而且年代久远，跨越中生代时期，记载了一亿八千万年的地理史。尽管杜德尔门是由波特兰石灰岩构造而成，这种石灰岩比泥土和砂浆都要坚硬，能保护桥身不受海浪冲蚀。但这个庞大的"象鼻子"终有一天会裂开，"象鼻"会从顶部掉落下来，而边角部分将慢慢分离最后变成海峡上的一座小岛。

杜德尔门其实是著名景观侏罗纪海岸的一部分，它的发现还和一个女孩有关。

1799年，玛丽·安宁出生在多塞特海边的一个小镇。大约两亿年前，这个海边小镇还是一个海底河床，生活着与现代鱿鱼和乌贼相似的古无脊椎动物箭石、现代鹦鹉螺的近亲菊石类动物、看起来有点像海豚又有点像鳄鱼的鱼龙、与人们所描述的尼斯湖怪相像的长颈海洋生物蛇颈龙，还有数十种其他种类的鱼。

　　玛丽一家靠向游客兜售化石为生，小时候她经常到海边的礁石上去收集海贝化石。1811年，也就是玛丽12岁那一年，一天她在岩石中发现了一块奇怪的化石，看上去像是一种古代海洋中的爬行动物。后经科学家鉴定，这是已经灭绝了两亿年的鱼龙的遗骸。在遥远的古代，这只鱼龙死后，其骨骸被泥沙埋在海底，渐渐变成了化石。后来，不知过了多少万年，海床被抬升露出水面，在日晒雨淋的风化作用下，一些岩石破碎，形成了今天海边的峭壁。而这只鱼龙的骨架化石恰好暴露在峭壁的表面，被幸运的玛丽发现了。

　　侏罗纪海岸是一架完整的时光机器，可以追溯到历史上的中生代时期。侏罗纪海岸（Jurassic Coast）位于英国南部英吉利海峡，从东德文埃克斯茅斯奥科姆岩石群一直延伸到东多塞特斯沃尼奇老哈里巨石，总长153千米。2001年12月，这段海岸线被联合国教文组织列入世界自然遗产名录，称为"侏罗纪海岸"，与美国的科罗拉多大峡谷、澳大利亚的大堡礁，以及加拉帕戈斯群岛等一起并列为世界自然奇观。这里还是世界上唯一能展现地球近两亿年历史的地方。在海岸边的沙滩和悬崖上，以及海蚀柱和石拱门上，到处都留下了史前历史的痕迹，包括许多史前动植物留下的化石，其中甚至还有恐龙的脚印。

　　从炎热沙漠到热带海域，从古老化石森林到恐龙横行的沼泽，侏罗纪海岸历经沧海桑田。随处可见的岩石是一部地球进化史，让人领略世界18500万年的惊人演变。侏罗纪海岸由三叠纪、侏罗纪和白垩纪的悬崖组成，跨越中生代时期，记载了地球近两亿年的地理史。该地区有很多独一无二的地理特性，并展现了不同的地形构造，包括天然拱门杜德尔门。

　　杜德尔门奇异的外观和独特的来历，赋予它更多进入人们视野的条件和机会。导演约翰·施莱辛格的电影《远离尘嚣》就在这里取景，用真实的视角将杜德尔门以特效的方式展现在大家面前。

同时，杜德尔门也是很多摄影者的最佳拍摄场地。据英国媒体报道，由英国格林尼治天文台2013年举办的"本年度杰出天文摄影师"比赛中的作品令人称奇，摄影师们用耐心和精湛的摄影技术呈现出精彩绝伦的作品。

由英国业余天文学家史蒂芬·班克斯拍摄的多塞特郡杜德尔门上空银河的明亮彩色"星带"非常绚烂璀璨。

英国格林尼治天文台的马雷克·库库拉博士表示："每一年我都为我们参赛者的耐心、技术和想象力感到惊叹不已。杜德尔门上空的银河图片就是一个很好的范例，因为它需要凭借高超的技术在完全正确的时间拍摄到升上天空的银河。"

午夜过后，云层已经散去，璀璨的银河成为英国著名景观杜德尔门的完美背景。相信此时此刻，面对美轮美奂的景色，站在沙滩和鹅卵石上面，会有一种暖洋洋的感觉。此时，你可以深呼吸，闻一闻空气中咸咸的味道。海风不断掀起浪花，凉爽惬意，海洋的能量、拍击海蚀拱的海浪以及即将来临的暴风雨，这一切是如此之近，人们不禁对大自然充满敬畏之情，被眼前这个海蚀拱的壮丽所折服。

04　　　高屯石梁鬼斧穷

◇ ⋯⋯⋯⋯⋯

　　冠九州神工鬼斧，壮丽超秀山，巍峨超彭水，衔月吞江，冀允徐诸桥咸见绌；

　　甲天下自架天生，修长胜兰茨，高大胜雷思，抱云揽雾，亚非美此拱独称奇。

　　从这副楹联就可以看出来高屯石梁的雄伟壮观。

　　在贵州省黎平县高屯镇东南有座天生石拱桥，举世无双。桥身为一巨大岩石，成"S"形状，斜卧在群山环抱之中，横跨于清水江支流黄团江上。该桥平地突起，拱形对称，石壁光滑无比，好似天地神斧雕凿而成。

　　高屯天生桥位于贵州省黎平县城东北 12 千米的湾寨右侧，距贵州省会贵阳约 460 千米，高屯天生桥与八舟河景区和黎平城关人文景区紧密相连，是黎平侗乡风景名胜区内主要景点之一。

《吉尼斯世界纪录大全》记载的贵州省黎平县高屯天生桥，是世界上最大的天生桥。黎平县高屯天生桥桥身长达350米，桥拱的跨度，最长处达118.92米，最小处也有88.5米。

此桥在清朝《黎平府志》中就有记载："天生桥崇严直跨两岸，中有一硐，双江口诸水径此，达高屯可以行舟。上则仍然平地也，往返甚便，不假修筑之力故名。"对于这种石灰岩地貌自然形成的天生桥，明代杰出地理学家徐霞客在其《游记》中赋予了它十分正确的科学名称"石梁"。

高屯天生桥架在两山之间，桥身宽达98米以上，桥体高出水面30多米，而这竟是天设而非人力所为，的确不能不使人咂舌称奇。对于这种"不假修筑之力"的天生桥，诗人龚自珍赞曰："人凿难施鬼斧穷，天心穿出地玲珑，两山壁立龟梁架，巧妙争传造化工。"

黎平高屯天生桥

　　黎平高屯天生桥不仅宏伟壮观，而且风光宜人。桥下河流由福禄江、五里江、后坡江诸水汇成，逆水而上数里仍是喀斯特地貌景观。往下一片绿水幽幽，分两岔绕桥门的圆形山峦，至数十米处，又融为一体，然后注入亮江。桥下河水十分清澈，桥四周都是奇峰怪石，河两岸古老的森林十分幽静。从桥孔内顺水往下看呈现一幅天然的画作，使人为之惊叹。若是驾一叶扁舟顺流而下，放歌长啸，轻帆陋桨，大好景色自然尽收眼底。

　　这神奇的风光究竟是怎样形成的呢？亿万年前，喜马拉雅山高高隆起，一种无与伦比的力量摧枯拉朽，撕裂和撞击捏碎了云贵高原的石灰石岩层，形成了沟壑纵横、千江奔流的高原奇观。

　　走进天生桥景区，山峰迤逦，树木葱郁，青石板铺就的小路蜿蜒消失在山林掩映的尽头。路旁的一块巨石上雕刻着"天生桥"三个大字，笔走龙蛇，气势逼人。

　　目光随着前行的步履慢慢拥过诸峰，只见鬼斧神工，一座天生桥跃入眼帘。

　　这里的远山近景如同融入了一个梦幻般的世界。桥拱下一半岸来一半水，岸上巨石交错突兀；河水清澈，游鱼戏石可以直视。两侧桥壁上，有各种各样的岩穴和形态各异的钟乳岩，那附在壁上的水珠在斜阳的照射下晶莹剔透。在拱腹离水面33.64米高的自然桥顶端，抬眼望去千奇百怪的钟乳倒悬，有飞鹰凌空展翅、巨龙伸头望月、羚羊犄角倒挂、悟空腾云驾雾、黄山苍松迎客等画面。这些栩栩如生的钟乳不知经过多少年的沉积与演化，形成了有"世界之最"称号的黎平天生桥。

　　1987年，黎平县建设局实地勘测，对高屯石梁进行了一次科学精确的测量。勘测报告记载：高屯天生桥桥拱跨度最大处118.92

米，最小处88.5米；桥身长350米，最宽处138米，最窄处98米；桥体深入水面38.8米，高出水面33.64米，拱梁为40米厚的岩石和覆盖的植被。桥孔进水侧比出水面略大，与河岸呈两个反向喇叭状，非汛期河床露出大面积沙滩，河道宽60余米，水资源量4.5亿立方米，水力理论蕴藏量30113千瓦，桥墩一侧有多孔溶洞，可由溶洞进入桥身。桥拱斜跨两岸悬崖，恰似一道彩虹飞悬，连接峡谷。拱弧圆润，拱面光洁，腹圆臂滑，可谓鬼斧神工，地造天设。桥顶石柱、石笋千姿百态。桥下沙洲面积4万余平方米。桥上林木丛生，桥沿青藤低垂，密密麻麻。逆流而上，山重水复，好景万千。顺流而下，辗转蜿蜒，豁然开朗，好似世外桃源。"桥头堡"气势不凡，忠实地守卫在天生桥的一隅。游人漫步天桥上下，耳闻水拍云崖，步随潺潺流珠，看水激石鸣，悠悠不绝，不禁心意幽然。

05 草木坚冰化神奇

◇ ....

　　在张家界有个乡叫合作桥乡，可是在以前这里叫火烧桥，关于火烧桥这个名称还有一段来历。很久以前，这个普通的小村的一条小河上有一座简单的木桥。在木桥的旁边有一棵百年古树，郁郁葱葱，茎系发达，藤条一直蔓延到河对岸，每逢雨季来临，河水猛涨，木桥被淹没，蔓延两岸的树藤便承担起了输送百姓过河的重任，这里的百姓都非常喜爱这座树藤搭成的桥。后因大树意外被烧毁，树藤桥也荡然无存，当地人民为了纪念这座意义深远的"桥"，就命名当地为火烧桥。

　　在秘鲁阿普里玛克河一带的印第安人，喜欢用一种草来架桥。每年雨季来临，这一带的依素草长得十分茂盛。这时人们就用这种草拧成绳索，只需几天时间便能架起一座牢固的桥，据说这种桥可以使用两年。

　　在印度东北部的乞拉朋齐也有一种奇怪的现象，当地人不建桥。这并不是因为当地人懒惰，而是印度橡胶树的树根坚实无比。因为它除了初生根以外，还会在树干某处长出次生根，次生根有助于印度橡胶树在不利环境下茁壮成长。同时，这一生长特点使得印度橡胶树成为在乞拉朋齐众多河流之上搭建天然桥梁的理想材料。让附近树木慢慢长成天然之桥，整个过程会持续多年，这种方法造出的桥堪称"天作之合"，不仅省时省料，而且非常结实。

印度树根桥

　　其实，"树根桥"是当地人用辅助工具引导其向特定方向生长而成的。他们将槟榔树干挖空，横空搭在河流的两岸，用于引导印度橡胶树细嫩的树根顺着槟榔树干蔓延到对岸。一旦橡胶树的树根抵达另一端，它们就能在泥土中扎根。这时，便可以将辅助工具取走，让树根在自然环境下发芽生长，最终一座浑然天成的树根桥横空出世，不但美丽大方，而且坚实耐用。

用树根作桥，其实也需要一个漫长的过程，这个过程是10到15年，因为树根从生长到成熟也需要一个周期。树根桥非常牢固，50个人同时站在上面也不会塌，有些桥虽已有500年历史，但至今仍在使用。

树藤作桥，叫做树藤桥，树根成桥，就是树根桥。河上结冰坚固，可以行走，谓之冰桥。关于黄河冰桥的记载屡见史料，其中以壶口冰桥为甚。

每逢隆冬时节，黄河壶口瀑布就失去了平日里激荡澎湃的气势，整个河床全面封冻。往日奔腾咆哮的怒龙悄然无声，昔日滚滚黄河被白色的冰川覆盖，堆砌的冰凌使壶口瀑布好似一条银色长蛇，静卧在秦晋峡谷之间，冰封后的河槽形成了连接晋陕两省的天然冰桥。

冬季，到了"小雪"这个节令时，黄河上游就会源源不断地漂来大量冰块，而且，越漂越多，越漂越大，这就叫"小雪流凌"。到了半个月后的"大雪"节令，冰块在很短的时间内就横七竖八地堆满了整个河槽。这时，上游的河水被冰块堵住，就只好左冲右突，顺着冰缝流过去，甚至有的河水漫过冰层，把这些冰全包裹住。在这滴水成冰的季节，过了水的冰块很快就被浇铸冻结起来，冻得结结实实，上面可以行走人畜车马，这就叫"大雪叉桥"。一般到"三九""四九"的时候，壶口瀑布就会全面封冻，河面下结冰一般在2米左右，最厚处会达到8米。

因为河槽只有几十米宽，河槽内填满了厚厚的坚冰，所以这种冰桥十分结实。过桥时，尽管脚下不时会发出惊人的破裂声音，让人心惊胆战。但你只要顺着别人走过的印痕或兽迹走，便会有惊无险。所以你第一次过冰桥，可不要自己另走新路，因为，有些冰面看上去似玻璃一样平，一旦踩上去就可能会听见"咔嚓"一声，出现一个大窟窿将你吞噬。如果你能在冬天"大雪"节气以后来壶口，一定记着过一下壶口冰桥，那将会给你留下非常难得的记忆。

壶口冰桥

历史上，军事家曾利用壶口冰桥渡过大军，变天堑为通途，从而打了胜仗的战例很多。明末的李自成，就是在腊月天，利用壶口冰桥，攻入华北，占领全国的。清同治年间，打到西北的捻军为了打回中原去救同伴，最近的路程就是从壶口打过去。清兵为了堵住捻军东进，就在壶口一带修筑了一条百里长城，并从太原、临汾、风陵渡等地调来大量兵马，前来协防，认为这样捻军插翅也难飞过壶口了。但足智多谋的捻军首领张宗禹，先领了少数人到壶口边上佯攻了一下，便兵退60里。如惊弓之鸟的清兵，见捻军没攻下壶口，就大松了一口气，撤兵退去，放心地休息了。但到半夜三更，一股捻军铁骑如从天降，冲过冰桥后，就在长城下点燃了几包炸药，攻破长城，睡梦中的清兵还没有清醒，就变成了刀下鬼。到天明，捻军已占领吉州城，杀了州官，缴获了马匹，向临汾等地进发。为此，清朝皇帝还下了勤王诏书。

冰桥，其实并不独属壶口一处。抗日战争时期，名将李学先奉命率领一支部队，从陕西东渡黄河到山西境内，去打击猖狂进犯的日寇。部队在多次战斗后，遇到了敌人多路部队的合围，撤退到黄河边上，而敌人大队人马正尾追而来。时值初春，黄河上的冰层正开始解冻，河面上的冰块在融化、断裂，人是无法通过的，找渡船也很困难，即使有船，也会被大块大块的浮冰撞烂。部队久战后，饥饿、疲劳、寒冷，面对着冰块漩流的黄水，身后又有追兵，李学先苦思着对敌的良策。

附近的老乡，从来是和八路军心连心的，他们也同样为部队的处境着急。只见一位老乡风风火火地赶来，大声说："同志哥，前面黄河搭起了冰桥，可以过人，赶快踏冰桥撤到河西去吧！"

李学先听后精神一振，高举手臂喊道："同志们，跟我来，抢渡黄河！"

他们匆匆赶了一里多路，果然见前面的黄河上，垒起了一座银色的冰桥，在太阳下闪闪发光。这是因为，上游的冰块流下来时，在这儿拥挤堵塞，冰块不断堆积，越来越厚，形成了一条天然的冰桥。李学先派出侦察兵试行渡河，侦察兵小心翼翼地走过冰桥，发现积冰十分结实，完全能够承载部队通过。

于是，李学先一声令下，部队迅速踏着长长的冰桥，渡过了黄河。渡河后，李学先安排人员进行警戒，在渡河点附近，监视敌人的行动。不久，日寇果然赶到了黄河边，望见了冰桥，也了解到八路军这支部队正是从这儿渡过黄河的。敌人也试着登上冰桥渡河。李学先命令部队做好战斗准备。

此时，只听见黄河发出"隆隆"的吼声，似在愤怒地咆哮。上游的河水汹涌而至。在水流的冲击下，冰桥顷刻间坍塌了，无数冰块在水面上漂浮着，碰撞着，浩浩荡荡向下流去……

敌人被滔滔黄河水阻挡住了，再也无法渡河。敌人的指挥官气急败坏地站在岸边，徒唤奈何！他气得拔出手枪，不断地向河水、向浮冰射击，冰块被打得冰屑乱飞。

这些故事，虽然已经掩埋进历史，但黄河依旧傲然奔流着，一泻千里。冰桥依旧，晶莹剔透……

06　罗马古桥绽光芒

◇ ....

　　从对天生桥的利用到人工造桥，这是一个历史的飞跃过程。在人类文明进步的漫长岁月中，不知有多少凝结着智慧的桥梁曾经绽放出不朽的光芒，但是它们大多数却消失在历史的长河中。前人留下来有据可考的关于桥梁的记载只有只言片语，但是它在几千年后却依旧熠熠生辉。

　　有据可考的最早的人造桥梁是河姆渡遗址发现的木构桥梁的存在，可惜7000年前的遗迹难以保存。最早有文字记载的是《诗经》中"文定厥祥，亲迎于渭。造舟为梁，不（丕）显其光"之句，说的是公元前12世纪，周文王亲迎于渭水之滨，娶太姒为妻，为此特在渭水上架起一座浮桥。

　　在人类桥梁史上，古罗马桥梁曾经取得辉煌成就，虽然它们大多数都消失在历史的尘埃中，但是从保存下来的一些珍品中，依然可以窥得一丝罗马建筑的不朽荣光。

意大利古都罗马市中心以北，有一座建于公元前206年的米尔维奥桥，它是罗马最古老的桥。桥的灯柱上缠满铁链，铁链上挂着几千把"同心锁"，成为一道别致的"爱情风景线"。但是后来这些锁的重量把其中两根灯柱上的灯压碎了，当地政府为了保护古桥，不得不下令拆除一些"同心锁"。

法国古罗马加尔桥，又译加德桥，该桥修建于公元50年，横跨加尔河。坐落在巴黎—尼斯这条主要轴线上，靠近尼姆，是法国南部的著名古迹之一，1985年被列为世界文化遗产。加尔桥是罗马建筑师和水利工程师创造的技术上同时也是艺术上的一件杰作。

加尔桥

史料介绍，建筑加尔桥全部使用就地取材的石灰岩，最大块石厚50厘米、长2米多，重约6吨。

罗马人开凿建造加尔桥，是为了一个明确实用的目的——运输淡水。加尔桥跨越加尔河，将水引至尼姆，再分至公共澡堂、喷泉和私人住宅。它是罗马人为文明和卫生的生活条件所作的一项重要贡献。

加尔桥不仅是一件古罗马时期的建筑杰作，而且还是一个象征。它象征整个古罗马文明的智慧与大胆，这一文明至今依然备受人们赞叹，其中5欧元面值钞票上印的就是加尔桥。

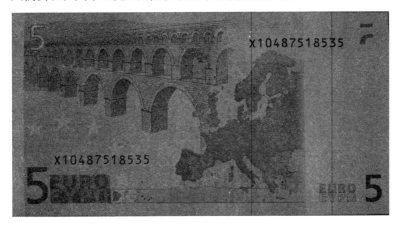

欧元上的加尔桥

罗马桥坐落于德国莱茵兰·普法尔茨州的特里尔，横跨摩泽尔河，是德国最古老的桥。1986年罗马桥和特里尔大教堂、圣母升天教堂（圣殿）被联合国教科文组织（UNESCO）列为世界文化遗产。

第一座罗马人在摩泽尔河上建的桥可追溯至公元前17年，它是一座排架桥。第一座石桥是公元45年建造的，在水浅的时候还能看见一部分桥墩。目前的罗马桥是公元144年到152年建造的，这是自特里尔建城之后在这个位置建造的第三座桥，桥墩朝着水流的方向是三角形的，这是为了抵御洪水和冰的撞击。罗马桥的石拱是1190年到1490年的中世纪才出现的，最初罗马人修建的九个桥墩，有五个保留至今。

罗马桥

罗马桥至今仍在使用，步行和乘车都可以过桥，北端是大清真寺以及古老的城区，南端连着安达卢斯博物馆，站在桥的南端，对岸雄伟的建筑和古朴的大桥相映生辉。

马贝拉罗马桥是位于马贝拉酒店花园内蜿蜒流淌的小河上的石拱桥。建于公元1世纪，小桥长不过五六米，宽却可容一辆马车通过，曾是罗马连接西班牙最南端港口加的斯城之间的 Via Hercula／Via Augusta 古道的一部分。掩映在绿树花海中的小桥，至今看上去仍非常坚固结实。

当年，罗马帝国的疆域无限辽阔。公元1世纪，罗马人征服和平定了伊比利亚半岛，西班牙于是成为罗马帝国最遥远的属地之一。虽然后来的史学家一致认定，当年的西班牙受古罗马影响的程度不及罗马帝国其他地区深，但罗马人对此地长达4个世纪的统治，还是在西班牙留下了深刻的印记，这从至今留存的马贝拉罗马桥中可窥一斑。

阿尔及利亚君士坦丁老城是一座奇特的天险，城池坐落在近700米高的平顶山上，四周是笔直的峭壁和幽深的山峡河谷，只有几座雄伟古朴的桥凌空飞架，把城池和右岸的新城区若断若续地连接起来。

这座城市两千多年的历史，也就是这些桥断了续、续了断的历史。车在蜿蜒的盘山路上缓缓行驶，峭壁深峡间，不时能看到几簇难以辨认的石堆残迹，那是罗马时代古桥的残迹。光阴荏苒，这些古桥多已变作残迹，只有一座奥斯曼时代的"魔鬼桥"，荒涩地隐身于西迪·拉希德大桥雄伟身影下，忠实地守护着被称为"烈士峭壁"的城墙。

1830 年法国殖民者入侵时，民族英雄阿布杜尔·卡迪尔凭"魔鬼桥"这一天险和法军周旋数载，逼得法国人两易统帅。可惜断桥并不能隔绝一切，最终法国人通过仅存的这座"魔鬼桥"涌入古城。如今魔鬼桥犹在，却也只能仰视头顶正上方那座法国人 1912 年修建的西迪·拉希德大拱桥。

西班牙阿尔坎塔拉桥其实是托莱多华丽的外城门，对着的是苍茫的卡斯蒂利亚莱昂高原，而取代了往日驿道的高速路则绕城门而不入。清晨沿着城边绕行，塔霍河上的阿尔坎塔拉桥古朴凝重，这座从罗马时代延续至今的古桥见证了无数影响西班牙历史的场景。

西班牙阿尔坎塔拉桥

托莱多的格列柯画过一幅《托莱多风景》，画的下方有一条被绿树环绕的河流，围绕着依山修建的城市，大教堂的塔尖无疑是它的中心，这种景象在今天依稀可辨，塔霍河依然流淌着，这条只有几十米宽的河流自西向东横穿了大半个西班牙和整个葡萄牙，并在里斯本注入大西洋。

1500年前，西哥特人的一位公主就是从这个城堡般宏伟的桥头出发，远嫁比利牛斯山另一边的法兰克王国，不想却被她的丈夫活活勒死，换来的是交易中的几座城池。后一任的西哥特国王转而为自己的儿子迎娶了一位法兰西公主，也就是那个凶手的侄女，却正是这个穿过阿尔坎塔拉桥入城的女人改变了整个王国。结果一样凄惨，父子之间兵戎相见，战败的王子落得斩首的下场。

古罗马桥是人类桥梁史上不可忽视的珍品，它承载了古希腊文明中的建筑风格，凸显地中海地区特色，同时又是古希腊建筑的一种发展。那些桥梁的背后不仅仅表现的是艺术魅力，更是与之对应的宏伟而文明的罗马王朝。

07　灞桥千年风殇雪

◇ ·······················

　　遥远的战国时代，鲁国有一个叫尾生的人，跟一个女子相约在桥下见面。但是，到了约定的时间，那个女子并没有来，而河水却暴涨了起来。尾生为了表示不失信约，冒死也不肯离开，最后竟抱着桥柱被淹死。故事里说的这座桥在陕西省蓝田县东南25千米的蓝水峪上，名叫蓝桥。蓝桥只是史书上的遗迹，它早已不存在了，代替它留存下来的是另一座古老的名桥——灞桥，这座桥在现在的西安附近。

　　因为这样一座桥的出现，中国自此以后的历史与这座桥再也分不开了。史书记载，公元前623年，秦穆公三十七年，战国五霸之一秦穆公历时三年攻伐戎王，并一举兼并十二个西戎小国，成为西戎一带的霸主，连周天子闻讯都派召公祝贺，赐予金鼓。秦穆公凯旋归来，走到滋水的时候，为向天下彰显其霸业，将滋水改名为霸水（后人又称其为灞水或者灞河）。霸水上修建的浮桥，也自然命名为霸桥。

秦穆公平定西戎，使秦国后方稳定，为以后统一天下打下了坚实基础。秦始皇为建立霸业，称雄中原，力战诸国，巨手一挥，遣大将王翦东出，率秦国大军浩浩荡荡直逼潼关。始皇帝亲自将壮行之酒送到霸桥边，为王翦送行，军队士气大振，一举破敌。公元前227年，霸桥之上，举杯壮行，杀气震天。

同年秋，燕国人高渐离藏剑于筑，击筑而歌，荆轲赋《易水歌》悲壮一别不回头，受燕太子丹之托，只身入虎穴，刺杀秦始皇，过霸桥入咸阳，悲壮不已。虽壮志未酬，也可歌可泣！"风萧萧兮易水寒，壮士一去兮不复返。"在霸桥上，壮士挽歌唱别离，让人悲泣千年心不甘。

公元前206年，楚汉争雄，刘邦率先由武关攻入关中，并首先攻占秦都咸阳，而后屯兵灞上。刘邦在霸桥轵道受秦王子婴降，秦王子婴"素车白马，系颈以组"，表示投降的诚意。刘邦将他脖子上的绳子取下，扶他上车，从此便结束了称霸一时的秦王朝的统治。重修灞桥记有如此记载："沛公摄项籍军书，之间，驻军之地，因秦俗之旧名，黜其夸美之字，傍加三点，此灞字所由来也。"可见，"霸"字改为"灞"字，始于项羽军书。此后，霸水便成了灞水，霸桥便成了灞桥。"灞"字取代"霸"字，标志秦王朝霸业的结束。

汉代，在灞河上正式筑建木梁石柱墩桥，它用四段圆形石柱卯榫相接（中间还加石柱）形成一根石柱，由六根石柱组成一座轻型桥墩，墩台上加木梁并铺设灰土石板桥面。汉代灞桥是石柱墩的首创者，在古长安城东二十里，于现在的华清桥西北十余里。公元前157年，汉文帝刘恒驾崩，葬于灞桥附近的皇家陵园——灞陵，并在灞上驻有军队，设立灞陵尉和稽查亭检查来往行人。

公元前129年，大将军李广罢官后，一次去蓝田南山中射猎，因饮酒归迟，灞陵尉不准他过桥，让他在亭下夜宿。李广只好独坐桥头，天明后才被放行。可见，当时灞桥作为一道关卡是多么严密。后来李广官复原职，汉武帝拜其为右北平太守，走马上任时，特向武帝要求灞陵尉与他同去。待灞陵尉一到军中，即寻机杀之。

王莽地皇三年（22）二月，灞桥被躲在桥下的贫民取火避寒引着，大火从桥头东一直烧到桥西，后来"桥尽火灭"。王莽为取意吉祥将复修后的灞桥改名为"长存桥"。但后来长存桥还是因战乱被火烧毁。东汉迁都洛阳，长安失去京都地位，灞桥未得恢复。西晋、前赵、前秦、后秦、西魏、北周等王朝虽定都长安，但战争连绵，政权不长，国力不济，都未重建。可是，南北朝时期的《三辅黄图》和《水经注》都说到了"灞桥"，由此可知，已经恢复旧名了。

公元194年，长安大乱。著名文学家建安七子之一王粲在逃出长安后，曾站在灞陵岸上回首长安，写下了那首著名的《七哀诗》，然后从灞陵岸古道南奔荆州。只留下"南登灞陵岸，回首望长安"，那是中原离乱之际仓皇孤独的写照，如此的伤心与无奈。

到了隋文帝开皇三年，也就是公元583年，又在今灞桥稍北处建了一座石桥，形成南北两桥。据后来考证，此桥桥墩桥洞都是用石条砌成，结构为一座多孔石拱桥。桥长400多米，宽7米。南北方向分布排列的桥墩，是用石条砌筑成船形，就是所谓的"浮舟为桥"；东西两端呈分水尖状，为减轻洪水的冲击力，上部装饰有精美的石雕龙头。四桥墩间的桥洞为石条砌成的拱形，桥墩基础为密布深钉的木桩，上铺枋木，枋木上覆以石板，上承石条桥墩。

唐中宗李显景龙四年（710），在隋桥南建一桥，桥头设驿站，称"滋水驿"。到了睿宗李旦时，又在原桥基础上进行了整修。当年，唐玄宗下令在灞河岸植下柳树万余株。一时间河面上弱柳扶风、阴翳遮日，引人驻足。尤其暮春时分，飞絮如雪纷然不止。灞桥的东边，就是举世闻名的骊山华清池，杨贵妃"温泉水滑洗凝脂"，灞桥上，年年龙车凤辇，何等壮哉！《旧唐书》记载："石柱之梁四，洛则天津、永济、中桥，灞则灞桥。"据《唐六典》，天下著名的石梁桥有四座：河南洛阳的天津桥、永济桥和中桥，西安的灞桥。灞桥位于西安东北二十里的灞水上，是一座石柱墩木梁桥。桥长近400米，67孔，每孔净跨度为6米左右，桥宽约7米。桥墩由6根石柱组成。6根石柱顶端盖上一根石梁，把它们合成一体，构成了桥梁史上最早的一种轻型墩，即今天所说的石排架墩。

公元880年年末，黄巢起义军占领临潼，唐王朝金吾大将军张直方带领文武官员数十人到灞桥向起义军"迎降"。随后，黄巢起义军浩荡过灞桥进长安。广明二年（881）六月，麾下大将朱温凯旋回到长安时，黄巢亲自到灞桥上慰劳迎接。相传公元883年，黄巢起义军自灞桥退出长安，据守骊山腹地屯兵。而屯兵处如今为黄巢堡森林公园，位于西安市灞桥区洪庆山东南部。

宋神宗熙宁元年（1068）"宋时桥圮，韩缜重修"。宋代曾对灞桥进行过维修，并设灞桥镇。宋人撰写的《雍录》这样记载灞桥："此地最为长安冲要，凡自西东两方而入出崤、潼两关者，路必由之。"尽管宋朝京都东迁，灞桥的政治和军事意义变小，但是在宋人眼里，仍是具有重要意义。

元世祖至元元年（1264），平民刘斌集资重修灞桥，经过15年之久，到至元十五年乃告成功，至此，隋代石筑灞桥遂废。据《安西府咸宁县创建灞桥记》载：山东堂邑人刘斌涉水过灞河，遇惊险，后奋力重建灞桥。新桥桥址选在隋灞桥以西70步的地方。刘斌历时15年，一座坚固的大石桥终于在灞河上建成。新桥"凡一十五虹，长八十余步，阔四十二尺。中分三轨，旁翼两栏。有华表、鲸头、鳌首"，他又沿河"筑堤五里，栽柳万株"。绿柳掩映下的灞桥更显得雄伟壮观，景色迷人。灞桥修好后，连皇帝都加以褒扬，将其归功于刘斌，刘斌却十分谦逊，只说："灞桥今幸告成，系国家之力，斌何有焉？"且"乞文志石以昭悠久"。这是在灞河上架立石桥，规模最大、历时最久的一次，而且这次修建灞桥主要是依靠民间的力量。

据《长安史迹研究》，明代时曾用黑大理石修建灞桥。明代画家吴伟（1459—1508）的画作《灞桥风雪图》，就是那灞桥风姿的真实写照。此图绘一老者骑驴在风雪中过桥，低首沉思。为烘托主题，景作山野悬崖，树木凋零，风雪弥漫，河流封冻，寒气逼人。画中无论是人物还是风雪中的灞桥都栩栩如生，为后人所称道。

明末李自成起义，进军长安时曾在灞桥两岸发生激战。入清后，灞桥毁建频繁，主要原因之一就是

《灞桥风雪图》

生态环境的破坏，据《关中胜迹图志》记载，当时朝廷建桥大员在奏章中说："灞水汇合鄂谷诸川，其流浸胜，且为活沙所凑，难以设桥。"另一个很重要的原因就是灞桥所处的特殊地理位置，因为其重要的交通要塞地位，使得灞桥的利用率远远高于其他桥梁，用得多自然损耗就大。

清康熙年间曾修过灞桥，立有《重修灞桥记》一碑。到清乾隆四十六年（1781），陕西巡抚毕沅重建桥，但桥已非过去规模。到清宣宗道光十三年（1833），陕西巡抚杨名飐征集桥匠和民工，参照前代的建桥技术，于隋代南桥的故址修造木桥。结合灞河的实际情况进行施工，前后历时九个月，于道光十四年（1834）完成。桥长约277米、宽约13米，是一座多跨式桩基础石制排架墩简支木梁桥。

清穆宗同治十三年（1874），咸宁知县易润之对元代灞桥进行了改建。改建后的灞桥长380米、宽7米，7孔，408根砥柱，每跨6米左右不等。在原桥的基础上添加了许多精美的装饰。在桥两边砌上石栏，栏上雕花果鸟兽。桥下有卧水石龙一条，横在桥的中间，头向上游，尾出下游。桥栏两头有石兽一对。桥的两头建有三开门的古牌楼，金碧辉煌。

1935年，在老灞桥西侧200米处，修建了一座灞河铁路桥。原为木桩基础，钢筋混凝土桥墩台16孔中承桥梁，全长422.8米。因为战争以及历年的维修改造，这座桥变化很大。

1936年年末，"西安事变"前，爱国学生为了表达至死不渝的抗战决心，平躺在灞桥上，挡住张学良从华清池开往西安城的小汽车，要求他当众表明抗战心迹，否则宁可被汽车压死在灞桥上；也是在此，张学良的东北军通过古桥去临潼捉蒋，古桥也因此成为"西安事变"重要的历史"见证人"。

1957年，西安市的有关部门鉴于灞水河道淤积，桥下净空不足，不利排水行船，对灞桥进行了改建。这次改建中，科技人员曾将原桥彻底拆开，进行科学鉴定，发现这座古桥之所以逾百年不毁，主要是桥的下部结构非常合理。它的桥墩是由护底、柏木桩、石盘、石柱和盖梁组成，每个桥墩有六根石柱，成纵排迎水而立。每根石柱用四层带轴的圆石墩叠砌而成，底部是平面较大的石盘，以扩大桥墩的承压面积。各层圈石墩和石盘都凿有阴阳卯口，卯的中心均留有铁质柱洞。套接时，先用糯米汁、牛血拌石灰等填充在卯眼内，然后再套接，使石柱成为一个整体。《陕西灞沪二桥志》说："石盘作底，石轴作柱，水不搏激，而沙不停留。"这种结构显示了我国古代精湛的造桥技艺。据一些日本朋友讲，日本有一些古桥曾仿照灞桥修建桥墩，至今仍可见到。

1965年11月至1966年3月，灞桥修成复线并加高桥台，加固了胸墙，改造成为现在的钢筋混凝土桥梁。该桥全长368.1米，是陇海线复线桥梁。

1967年在灞桥东南的安家村与田王村之间的灞水上修建了一座灞河桥。此桥为板式钢筋水泥桥，长402.2米，行车道宽8米，两边人行道各宽1.25米，柱桩基础，共24孔，每孔跨度15米，桥高3米，桥面两边设钢筋混凝土横式护栏，高1米，安装有路灯。桥载重量为汽车13吨，拖车60吨。这座桥为市区通往河南等省的战备用桥，故名"战备桥"。

1983年10月，又在灞桥上游200米处修建了一座灞河新桥。由陕西省公路勘察设计院设计，陕西省公路局第一工程处二队施工。1984年10月1日竣工，1985年5月1日正式通车。桥长439.26米，宽11米，其中两边人行道各1米，汽车道为9米，桥高5.56米。二级公路标准，沥青路面，载重量为汽车20吨，拖车100吨。

1990年在新灞桥东约500米处，又修建了一座高速公路桥。桥宽26米，分4个车道，即上行两车道，下行两车道，全长504.2米。这座桥是西临（西安至临潼）高速公路的一部分。

在1994年4月底，灞桥镇柳巷村村民在村北灞河河道中挖沙石时，在灞河河道下约两米处，发现一件石刻龙头。据发掘实物和文献资料证实，这座埋入河道的古代桥址就是隋代灞桥。通过发掘，清理出三孔桥洞、四座桥墩。桥墩是由石条砌筑而成，呈南北方向排列，主体造型为船形。桥墩前后两端均呈尖状，有分水尖，上部安装有石雕龙头装饰。龙头采用圆雕和浮雕技法结合而雕成，造型精美大方，气势非凡。从残存的情况看，这座灞河古桥的建筑结构为一座多孔石拱桥。经初步分析，发现长方形底座下面夯满了木桩，木桩上面辅以方木，方木上面再覆以石板。至今，原有的木桩、方木和石板底座，仍然完好无损。

2004年，因洪水的冲刷，之前被泥沙掩埋的灞桥遗址又显露出来。此次发现的遗址共有11座桥墩，位于灞河河道正中。该桥历经唐、宋至元初又为洪水淤沙淹没，北宋元祐年间，曾拆毁唐碑以维修隋代灞桥，这在1994年的考古发掘中得到证实。从发掘现状看，估计总长约为400米，均为块石砌筑而成，块石之间以铆钉连接，桥墩的具体情况与1994年的发掘基本一致。桥墩平面造型呈船状，为南北方向分布，桥墩前后两端均有迎水尖与过水尖。上面安装石雕龙头装饰。每座桥墩的造型和大小基本一致，尺寸与十年前发现的一致。在八座桥墩之间，共有10个桥洞，洞宽（拱跨）约为5.14~5.76米，东西横跨灞河约80多米。

一座灞桥承载着中国太多的历史记忆，同时它也是中国文人心里最柔软的地方。"灞城""灞上""灞陵""灞头""灞桥折柳""灞柳风雪""灞桥伤别"等等，已经形成了一种独特的文化符号。秦风汉雪，隋雨唐月，灞水幽恨，灞柳伤别。

历史上的得意与失意，留守或发配，让灞桥不期然成了朝与野、庙堂与江湖的拐点。李白叹道："年年柳色，灞陵伤别。"岑参写道："初程莫早发，且宿灞桥头。"刘禹锡唱道："征徒出灞涘，回首伤如何。"李贺咏道："灞水楼船渡，营门细柳开。"李商隐吟道："灞水桥边倚华表，平时二月有东巡。"等等，不一而足。最让人难以置信的是，仅《全唐诗》中直接描写或提及灞桥（灞水、灞陵）的诗篇就达114首之多。其后经过历代墨客骚人妙笔的润饰，日久天长，灞桥竟被人们改称为"情尽桥""断肠桥""销魂桥"。至于"销魂桥"则得名于江淹的《别赋》，其赋开篇曰："黯然销魂者，唯别而已矣！"古人折柳赠别，是大有深意的。因为"柳"和"留"谐音，表达了依依不舍的情感，每当早春时节，柳絮飘舞，宛若飞雪，就形成了"灞桥风雪"景观，这就是著名的"关中八景"之一。

新发的灞柳已经不会诗意地扬起如风雪般的漫天柳絮，轰隆而过的汽车早已将雕栏石拱的悠远意境碾成碎片。如果说灞水是中国五千多年的历史长河，一波三折，那么灞桥就是诗与文化的浓缩，一个华丽的感叹号。"灞"字文化中，最著名的当属灞桥。"野渡无人舟自横"——在中国，水是一种景观，甚至是一种哲学，而非路的延伸。南人舟楫，北人架桥。由舟楫而进化为桥，标志着科学水平及生产力的提高。千年灞桥，由木桥、石桥，变成了现在的钢筋混凝土的大桥，它早已将一腔柔情演变成了铮铮铁骨。

08 赵州名桥谁争锋

◇ ·····················

　　李春，是中国隋朝时期有名的石匠，他于公元605年至618年设计监造了河北省洨河上的安济桥（又称赵州桥）。该桥是一座空腹式的圆弧形石拱桥，距今已有1400多年的历史，是世界上现存最早、保存最好的巨大石拱桥，是世界上保存最完好、最古老的一座单孔大石桥。赵州桥是入选世界纪录协会世界最早的敞肩石拱桥，创造了世界之最。

　　李春首创单孔敞肩拱桥，在赵州桥的桥体上设四个小拱，既减轻了桥自重，也减缓了急流对桥体的冲击。赵州桥坡度平缓，造型美观，非常坚固。在欧洲，14世纪才出现法国泰克河上的赛雷桥，但是，比中国赵州桥晚了700多年，并且早已被洪水毁坏无存。学者们多认为李春创造的圆弧拱桥技术，大约在马可·波罗时代从中国传入欧洲。所以，李春造的赵州桥是全世界桥梁建筑史上唯一尚存的时间最长的一座，在世界上占有重要地位，是相当有价值的。这是中国人民的骄傲和自豪。

赵州桥

　　这座历史悠久、结构奇特、造型美观的赵州桥，凝聚了李春的汗水和心血。李春成为中国乃至世界建筑史上第一位桥梁专家。

　　但是，关于李春的生平事迹却没有留下更多的记载。就连隋朝之后的唐朝人，也只有"制造奇特赵州桥的人是隋匠李春"等数语记载。在赵州桥建成一百多年以后的唐朝开元十三年（725）中书令张士贞在《安济桥铭》中简略提到："赵州清水河石桥，隋匠李春之迹也，制造奇特，人不知其所为。"

　　虽然在史料的只言片语中，我们不能揣测出什么。但是不难想象，在公元605年，河北赵州的洨河边正发生着这样一幕。

　　佝偻的身子，一位白发苍苍的老车夫望着波涛滚滚的洨河，长长地叹了口气，说："该死的河，我运粮的期限，又被你误了，要是造一座桥该多好啊!"

河北赵县地区是南北交通要道,但在城南处,有条由西往东的大河,名叫洨河,洨河每到夏秋季节降雨增多的时候,就会山洪暴发,河水犹如脱缰的野马,奔腾咆哮,凶猛异常,给河两岸的居民和来往的行人带来了很大的麻烦。

这年夏季,李春刚好路过这里,听到了老车夫的话,也忍不住叹了一口气。他想,当工匠应该为民造福,最好的方式,就是在洨河上架一座桥。李春和他的师兄弟决定一起到洨河的上游进行考察。一路上,他们历经艰辛,走了半个多月,终于来到了洨河的源头。这里崇山峻岭,山势险要,平时,只有几股山泉汇聚洨河,所以水势不大;可一到雨季,山洪暴发,两岸高山上的水倾泻下来,全部汇集到洨河中,必然会泛滥成灾。

李春想,造桥的时间绝不能放在夏秋两季,但在冬季造的桥墩,到夏季难保不被冲垮,得造座不用桥墩的石拱桥,可当地的工匠们对此有点担忧:"河边的地层可是砂层,十分松软啊!"李春自信地说:"我知道,只要在砂层上铺几层石板当桥台就行,另外,我还有减轻桥身重量的方法。"

工匠们又说:"要桥不塌,就必须让石拱的拱券在一年内合龙,否则到了夏季被水冲垮,枯水季节的辛劳又要白费,可十丈多宽的拱券又怎能在一年内合龙呢?"

一位年轻的工匠天真地说:"要是造一座独木桥就好了,既方便,又节省工期,我担保它不用一年就能合龙!"

李春心想,独木桥容易建造,很快就可竣工,但是它桥面狭小,不便行走,但十几座、二十几座独木桥合起来不就成了一座大桥吗?如果把横跨洨河两岸的石拱分成纵向排列的若干道拱券,然后一道道分开砌造，每年春冬两季施工，夏秋两季之前合龙，这样拱券就不会被洪水冲垮了。拱券与拱券之间再用铁钉相连，必然十分坚固。

偶然的灵光一闪，造就了载入史册的奇迹。当晚，李春就在烛光下勾画着图纸。按常理，桥洞在达到一定宽度时，桥洞随即就要高大，车马行人过桥就得像翻小山一样。然而，他克服了技术上的重重困难，打破了传统的形式，采用了小于半圆的弧形桥洞。通过不断地修正图纸，缩小桥洞宽度，终于设计出了不高的桥洞。李春又在大桥洞的两边各设计了两个小桥洞，这样可以节省石料，使桥自身的重量减轻了大约500吨。另外，涨水的时候，一部分水可以从两边四个小洞往下流，既可以使水流畅通，又减少了洪水对桥的冲击，保证了石桥的安全。而且一边两个小桥洞，还形成了赵州桥在造型上的对称美。

第二年深秋，造桥工程正式开始了。赵县一带的老百姓纷纷捐钱出力，附近的工匠们也都赶来参加施工，赵州城顿时热闹起来。赵县附近的获鹿、赞皇和元氏等县出产一种青色的石灰岩，这种石灰岩既坚硬又耐压，李春决定用它来作为造桥的主要材料。工程一开始，大批年轻力壮的石匠就被派出去开山采石。

然后，李春组织石匠们将石头凿成一块块一尺宽、两三尺长的"拱石"，供建造拱券用。在每块拱石的两侧，李春还让石匠们凿上有规则的细密的斜纹。这样，拱石与拱石之间拼砌起来就更加牢固了。李春还请来一批手艺高超的铁匠，锻造出一种两头翘起的"腰铁"，把它嵌在两块连在一起的拱石上，起加固作用；还打造了一种长长的"铁栏杆"，专门用来连接横向的拱石。事实证明，这些铁件，后来的确在加固拱券、延长石桥寿命上起了很大作用。

　　李春选用的石料和石料砌法技艺与众不同。他采用长方形石料，每块重约1吨，在1400多年前的隋朝，李春在没有起重机和吊车的情况下，运这么重的大石头是何等的艰辛！这充分显示了我国劳动人民的伟大智慧，从中也可看见李春付出了多大的心血和代价。

　　由于大家齐心协力，夜以继日地砌造，第一道由六十几块拱石组成的小拱券，只用了两个多月的时间就砌成了。按照李春的设想，把整道拱券分成28道纵向拱券，一道道地分开来砌。由于每道小拱券都是从桥这头砌到桥那头的，所以基础都落到两岸的桥头上，每道小拱券都能独立地担负起桥上的重量，即使某一道损坏了，也不影响整个拱券的安全，修复起来也很方便。为了加强各拱券的连接，他又采用九道铁梁贯穿于拱背之上，接着用腰铁嵌入拱石之间，使桥能"奇巧固护，用于天下"。

　　最后，李春又组织能工巧匠，在桥面的两侧石栏杆上，刻上许多精美的图案。这些图案线条细腻，刀法苍劲有力，雕刻灵变，各种鸟兽龙腾虎跃，欲飞若动，形象逼真，堪称隋唐时代雕刻艺术的佳作。

　　这种拱上加拱、"敞肩拱"的新式桥型，这样的布局，采用这样的巨形跨度，构成这样优美的造型，是李春在世界上首创的。

　　经过几年的努力，隋大业八年（612），在波涛滚滚的洨河之上，架起了一座可"舟楫航行其下，人马车舆通过其上"的大型单孔拱桥。李春设计的赵州桥，桥身长50.82米，宽9.60米，大拱的净跨度长37.37米，拱高7.23米。为使桥面坡度小，他将桥高与跨度设计成1∶5的比例，这样既便于行人来往，也便于车辆通行；拱顶高，又便于桥下行船。大拱两肩上的小拱，使得整个桥型显得格外均衡、对称，既便于雨季泄洪，又节省了建筑材料。赵州桥结构雄伟壮丽、奇巧多姿、布局合理，多为后人所效仿。

李春设计的桥面坦直，共分三股，中间走车马，两旁走行人，不仅可使秩序井然，且又能防止交通事故的发生。桥拱的净跨度长达37.37米，是当时世界上跨度最大的石拱桥，远远望去，大桥就像"初月出云，长虹饮涧"，历经1400多年，依然雄踞在清澈的洨河上，辉耀千古。

特别值得提出的是，赵州桥的基础非常坚固。1400年来，两边桥基下沉水平只差5厘米，这说明李春桥址选择的科学合理。赵州桥桥基，是建筑在洨河河床的白粗沙层上，既没有打桩，也没有其他石料，桥台仅用五层石料砌成，桥基很牢，结构简单。在1400年前，李春就敢用这样的天然地基来承担大桥的全部重量，可见李春对工程学、力学、建筑学、水文、地质等都有深刻的理解。李春有这么多科学知识，无疑是他从劳动实践中获得和积累的。

后人据此虽多以为赵州桥乃李春作品，但也许是这座桥太过于传奇，当地人民更宁愿相信此桥为神仙下凡的鲁班爷所造，故另有一番传说，《小放牛》这样唱道："赵州桥鲁班爷修，玉石栏杆圣人留，张果老骑驴桥上走，柴王爷推车轧了一道沟……"

这段童谣所唱的，主要是指传说中张果老倒骑毛驴在桥上走留下的驴蹄子印；柴王爷推车过桥轧下的车道沟印和膝盖跪下的膝盖印；鲁班为救自己用绵羊（传说鲁班会点石术）做的石桥跃身跳入河中，用手力顶石桥的手掌印。传说最后还是教鲁班点石术的师傅往水里扔了一块玉佩救了他。

连现代生物化学家、汉学家和科学史专家李约瑟，也闹了个乌龙，他在《中华科学文明史》第五卷中对赵州桥有详细的论述。他说："在西方圆弧拱桥都被看做是伟大的杰作，而中国的杰出工匠鲁班，约在610年修筑了可与之辉映，甚至技艺更加超群的拱桥。"李约瑟是英国人，他认为赵州桥是名气更大的鲁班建造，也可以理解。但是关于李春，除了一个"匠"字，从史书上再也找不到任何蛛丝马迹了，也没有他的野史传说，很难断定他究竟是什么人。

如今赵县赵州桥公园内有一尊李春像，中年学士打扮，文质彬彬，左手持一卷图纸，玉树临风。早些年，在同一个地方，另有一尊青年李春塑像，工匠装束，袒肩露胸，右手紧握铁锤，粗犷而笨拙。这种转变，亦非常有意思，与其说人们在不同时代对李春有不同的认识，倒不如说神州大地国情发生了变化。

李春像

赵州桥在漫长的岁月中，虽然经过无数次洪水冲击、风吹雨打、冰雪风霜的侵蚀和地震的考验，却安然无恙，巍然挺立在洨河上。据史料记载，赵州桥经历了10次水灾、8次战乱和多次地震，特别是1966年3月8日邢台发生7.6级地震，赵州桥距离震中只有40多千米，都没有被破坏，著名桥梁专家茅以升曾说，先不管桥的内部结构，仅就它能够存在1400多年就说明了一切。1963年的水灾大水淹到桥拱的龙嘴处，据当地的老人说，站在桥上都能感觉桥身大幅地晃动，但是赵州桥依旧岿然屹立在洨河之上。

据记载，赵州桥自唐代到新中国成立1000多年间，修缮工程共有八次。

据刘超然《新修石桥记》载：建桥约200年后，即唐贞元八年（792）七月，因大水冲坏桥北面西侧的金刚墙，桥台下沉，使排（小拱）有欹斜崩裂现象，用补石重砌方法，恢复了原状，并复制栏板望柱，以还原貌，桥工坚固。

《宋史》载：宋治平三年（1066），因凿铁腐蚀脱落被盗，使外侧拱出现侧倾现象。于是众工扶正复原。这次修缮，在《宋史·方技传》中，有一则佳话："怀丙，真定人，巧思出天性……赵州河凿石为桥，熔铁贯其中。"

明代对赵州桥进行过四次修缮，赵州桥历史上第六次修缮是在明万历二十五年（1597）。由于多年车辆滚轧，致使桥面破损，所以张居敬兄弟"复谋请李县等规工而董之，令僧人明进缘募得若干缗，而郡守王公实先为督敕，经始丁酉（1597）秋，而告竣。胜地正梁，依然如故"。

清道光元年（1821），据清光绪丁酉《赵州志》记载："王元治，西章吕村庠生。赋性慷慨，乐善好施。乡里有所乞假，率倾囊以助，无吝色。每岁荒，必开仓赈济。远近有义举，不待敦劝，必输重资以囊厥事。道光元年，城南修大石桥，州守李景梅，命其董役。元治先揖钱数千缗为倡。工竣州守赐'急公好义'匾额。"

1933年，梁思成到河北省进行野外考察，在河北省赵县重新发现了赵州桥，随即对赵州桥进行详细的考察，绘制《河北赵县安济桥图》，并写成论文发表在营造学社的《汇刊》上。从此赵州桥便闻名世界。梁思成在考察中发现"桥东面的中部，已经显然有向外崩倒的倾向，若不及早修葺，则毁坏将更进一步"。同时，他积极向民国政府提出修缮计划，并奔走呼号，筹集资金。后因1937年7月7日日本发动侵华战争，未能实现其修桥宏愿。

1955年6月至1958年11月，对赵州桥进行了全面、彻底修整。这次修整工作，是建桥近1300多年来最大的一次修复工程，基本上保持了原来的壮丽雄伟风貌。

1961年3月4日，国务院公布赵州桥为全国第一批重点文物保护单位，所以不能通车；1962年我国发行特50《中国古代建筑——桥》邮票一套4枚，其中第一枚即为赵州桥。1972年这里辟为旅游点，对外开放。为进一步发展旅游事业，让世界人民了解赵州桥，1984年沿赵州桥向北及河两岸东、西扩展，建成赵州桥公园。1991年美国土木工程师学会将赵州桥选定为世界第十二处"国际土木工程历史古迹"，并在桥北端东侧建造了"国际历史土木工程古迹"铜质纪念碑；1999年赵州桥被定为省级爱国主义教育基地。

赵州桥显示了我国古代劳动人民的伟大智慧，李春的名字也永垂史册。

09　古桥妙用各风骚

◇ ⋯⋯⋯⋯⋯

蒲津浮桥

公元前541年，秦国的公子鍼因为受到排挤，只好渡黄河前往晋国。但渡船难以承载上千车行李，公子鍼急中生智，命人用绳索把小船一艘艘并列起来搭成浮桥。黄河上第一座桥梁就这样在2500多年前诞生了。秦昭襄王为进攻韩、赵、魏，先后两次在蒲津渡口造"蒲津桥"。但摆动的河床、汹涌的黄河水常常将浮桥冲垮，这样迫使两岸的往来靠摆渡来进行。

从此，有关蒲津桥的文字就多次出现在了史册典籍之中。

蒲津浮桥的位置在今山西省永济市蒲州镇西侧的黄河岸边，距离风陵渡20多千米，是晋陕交通的一个重要通道。在中国古代，由于桥梁稀少，所以蒲津浮桥就成为横渡黄河最佳的渡河点。据记载，刘邦定关中、曹操西征马超、徐达取陕西等都是从这里过河的。于是蒲津浮桥也得到了不断的维修。但是它最辉煌的时期却在唐朝，这四尊唐开元年间铸造的大铁牛就是最好的见证。

黄河铁牛

唐朝是我国历史上最繁荣的时代，开元十二年（724），为沟通秦、晋盐铁商贸的需要，促使唐玄宗李隆基诏令兵部尚书张说主持修造蒲津渡桥。据记载，当时调集人力物力，冶铁结链为缆，熔铁铸牛作为桥墩。铁牛的熔铸竟用去17万余斤生铁，相当于时年产铁量的1/4。元末因黄河改道，浮桥久置不用被毁。人们只能见到立于黄河两岸的铁牛，故习称"镇河铁牛"。随着时间的推移，河床的摆动，铁牛逐渐被埋入河滩淤泥之中。

1989年，考古工作者在山西省永济市的黄河岸边挖出四头庞大的铁牛，由此揭开了消失整整80年，黄河上著名的古渡口——蒲津渡的神秘面纱。

四尊铁牛的出土，向人们揭示了一个谜底：蒲津渡是一个不同于其他黄河古渡口的特殊的渡口，因为这里曾经建有一座浮桥！

今天，随着一座座黄河大桥的修建，黄河上辉煌千载的航运也随之衰亡，天堑变为通途，这些古老的渡口失去了往昔的涵义，似乎只能向人们讲述昨天的故事了。

宝带桥

"金阊清晓放舟行，宝带春风波漾轻。孔五十三易疏泄，涨痕犹见与桥平。"这是乾隆皇帝的《过宝带桥有咏》，他所咏叹的就是浙江嘉兴的宝带桥。

宝带桥始建于唐元和十一年（816），元和十四年完工，历时四年。当时的苏州刺史王仲舒，为保证漕运的顺利畅通，决计下令广驳纤道，建桥湖上，并且变卖自己的玉质宝带，筹建此桥。当地士绅也被他的行为感动，纷纷解囊捐赠，兴工建桥。该桥一反江南常规，不取"垂虹架空"之石拱形，而是设计为"宝带卧波"之长堤形桥。为使湖水通畅，于是采用多孔、狭墩结构。为纪念王仲舒捐带建桥的义举，当地人民将此桥命名为宝带桥，宝带桥之名由此而来。

宝带桥桥面宽阔平坦，下由53孔连缀，孔径总长249.8米。全长317米，宽4.1米。桥堍成喇叭形，下端宽6.1米。桥两端各有一对威武的青石狮，北端还有四处碑亭和五级八面石塔。整座宝带桥狭长如带，多孔排列，倒映水中，虚实交映。不仅为行人纤夫提供方便，还为江南水乡增添迤逦色彩。工程技术上它使用的是柔性墩，可防多桥孔连锁倒塌。它的砌拱法采用"多绞拱"，这在古代建桥史上极为罕见。宝带桥用坚硬素朴的金山石筑成，是我国现存的古代

宝带桥

桥梁中最长的一座多孔石桥。

宝带桥自建成至今已快1200年了，在漫长的岁月中，饱经沧桑，受尽了磨难。据资料记载，宝带桥曾因毁坏而7次重修。其中，既有洪水等自然灾害的原因，也有维修不善等人为原因。

唐代的宝带桥经400多年后，到南宋绍定五年（1232）才重建。明正统年间（1436—1449），重建工作又由工部右侍郎、巡抚周忱与当地知府朱胜主持。正统十一年（1446）兴工，当年冬十一月落成，历经四年而重建宝带桥。康熙九年（1670）宝带桥被大水冲毁，康熙十二年又被修复。道光十一年（1831），由林则徐主持修理，时费"工料银六千六百七十两有奇"。清咸丰年间和抗日战争时期，由于英帝国主义和日本侵略者的破坏，毁损相当严重。据倦圃野老的《庚癸纪略》记载，1863年8月19日为了通汽船，捉民夫拆去宝带桥两孔，接着连续坍塌了25孔，压死兵勇5人。"咸丰十年（1860）毁三孔"（又一说为同治二年，即1863年），清咸丰十年9月29日，洋枪队头子戈登为了使他的座船"飞而复来号"驶过宝带桥镇压桥西的太平天国起义军，竟悍然毁去桥之大孔，致使宝带桥连续倒塌了26孔。清同治十一年（1872），宝带桥再次重建。

从东望去，玉带化成的石桥，背衬蓝天，下托绿水，恰似一条宝带飘卧在潺潺湖口，宝带桥之名由此而生。春天来的时候，湖边杨柳绿芽娇嫩，枝条低垂，和风吹过，如少女曼舞。偶尔有白帆点缀湖面，配以远处青山，如诗如画！如果你有幸在中秋之夜，携友荡舟湖面、宝带桥旁，当皓月高挂夜空，你会看到桥孔倒映，恰似圆月，会让你感觉仿佛进了仙境！此景勘与西湖的三潭印月相媲美。

纤道桥

绍兴是水乡，所以绍兴多桥，曾经有各类桥梁10000多座，被誉为"万桥市"。绍兴的桥有历史，据《越绝书》和《水经注》记载，春秋战国期间，绍兴就有桥了。绍兴不但是一座历史悠久的文化古城，还以"东方威尼斯""水乡泽国"而闻名于世。这里，河流纵横，湖泊密布。千百年来，无数清溪河流，吟唱着绍兴如诗如画的美景及绍兴人的聪明才智。有水便有桥，有桥便有景。今天，绍兴还保存有各类古桥703座，是名副其实的"桥乡"。

绍兴宛若繁星的桥梁中，最长的石桥莫过于古纤道桥了。纤道桥，顾名思义就是拉纤的纤夫走的桥。现存纤道桥全长386.2米，115个梁孔，每孔净跨约2米，桥面用三根条石拼合，面宽约1.5米。清同治年间（1862—1874）重修。《纤道桥碑记》云："自太平桥至板桥止，所有塘路以及玉、宝带桥计二百八十一洞。光绪九月八日，乡绅士章文镇、章彩彰重修，匠人毛文珍、周大宝修。"此桥为特长型石磴石梁桥，桥墩用条石干砌，桥低，接近水面，只有东端第45跨较高，可通小舟。桥两端原有茶亭各一座，现废。

纤道桥

古纤道位于浙江省绍兴市钱清镇附近的杭甬运河上。它自东而西穿越绍兴全境，是古人行舟背纤的通桥。每隔里许，建一高低错落的拱桥或梁桥。同时，为了抵消波浪对纤道的撞击，也使塘路富于变化、增加美感，它的平面建筑呈"S"形变曲。由于修筑的古纤道是为了让纤夫拉纤时走的，每隔一段距离还建有石拱桥，方便小船穿越运河与鉴湖水面。纤道在向前延伸中，不时地会出现一座座横跨运河的石梁桥或石拱桥，但见桥上行人，桥下背纤，舟行画里，人在景中，的确美不胜收。

古纤道，它静静地卧在水面，延续一路绵延的水路，斑驳的条石，上面留下千百年间纤夫拉纤的脚印和汗水……

如今，站在古纤道上，静听水声，寻着条石上似有似无的脚印，仿佛回到古代，聆听着纤夫沉重的脚步声和拉纤的号子，白帆点点，寂寞的渔歌。

引静桥

苏州园林布局精巧，步移景异，虚实交错，园内庭台楼榭，游廊小径蜿蜒，更有小桥流水，宛若山水泼墨。其中网师园中的引静桥，就是其典型代表。

网师园的造园历史可追溯至800多年前。南宋淳熙初年，吏部侍郎史正志于此建万卷堂，名其花圃为渔隐，植牡丹500株。清乾隆年间，光禄寺少卿宋宗元在万卷堂故址营造别业，为奉母养亲之所，始名网师园，内有十二景。

网师园是古代苏州世家宅园相连布局的典型，东宅西园，有序结合。园内建筑以造型秀丽、精致小巧见长，尤其是池周的亭阁，有小、低、透的特点，内部家具装饰也精美别致。引静桥位于网师园内，在彩霞池东南水湾处，呈弓形，石栏、石级、拱洞一应俱全，为苏州最小的石拱桥，长2.4米、宽1米，三步而逾，故又称之为"三步桥"。桥顶刻有圆形牡丹浮雕，桥身藤萝缠身，是一座地道的袖珍小桥，真是"麻雀虽小，五脏皆备"，不愧为园林中拱桥之范例。

引静桥

苏州网师园的引静桥，桥面两侧均有石栏，石栏两端为依次递减而连接的三个半圆形，以示桥栏两端美丽而明确的终止。桥面正中，则刻以圆花形浅浮雕纹饰，避免了平板单调。

自古造园，须得天下自然风光，有山有水。有水，则理水；理水，则造桥。园林造桥，常以梁式板桥为主。因何？造桥势大，多见于水面开阔处，与庭园不易协调，一般不采用。可引静桥不然，偏偏造出了一座微型石拱桥，可谓独具一格。由于布局紧凑，引静桥小中见大；由于桥小，引静桥也就使那一池春水更加开阔；由于水池的东南和西北隅各有一条曲折延伸的水湾，便又觉水池有波光粼粼、源头绵绵不尽之意。由此可见，造园者匠心之独到。可以这样说：引静桥在整个网师园的景致中，是以其独特的风姿而起着画龙点睛的作用。

10　　　　　　　　　二十四桥月依旧

◇ ⋯⋯⋯⋯⋯

　　"青山隐隐水迢迢，秋尽江南草未凋。二十四桥明月夜，玉人何处教吹箫。"杜牧的这首诗让二十四桥名垂千古，诗因桥而咏出，桥因诗而闻名。

　　千百年来，二十四桥空幻如梦的意境、浪漫飞扬的情调不知牵动了古往今来多少人的思绪。桥边的小道，不知拓下了多少沉吟的脚步；满湖的春水，不知融入了多少淡淡的忧伤；空濛的天空，不知承载了多少浪漫的遐想；团团的明月，不知引动了多少深沉的回味。不是没有见过蜿蜒舒展、柔和清丽的桥，只是因为"二分明月一声箫，半属扬州廿四桥。别有风情忘不得，载花载酒木栏桡"；不是没有见过清辉浴人、乡情馥郁的月，只因为瘦西湖上那"萧娘脸薄难胜泪，桃叶眉长易得愁"的月无端地惹人绻缱；不是没有见过"月下飞天镜，云生结海楼"的湖光水色，只因为"倚天栏槛极空明，吴楚风烟画不成"。那如梦似幻的感觉更阐发着"天下三分明月夜，二分无赖是扬州"的神秘和意趣。

瘦西湖二十四桥

关于二十四桥名字的来历，历来众说纷纭：有说是瘦西湖中一座桥，有说是扬州的二十四座名桥的总称，还有的说二十四桥根本不在这里。《扬州鼓吹词》说："是桥因古之二十四美人吹箫于此，故名。"据说二十四桥原名吴家砖桥，周围山清水秀，风光旖旎，本是文人欢聚，歌妓吟唱之地。唐代时有二十四当红歌女，一个个姿容媚艳，体态轻盈，色艺双全，故名二十四桥。也有野史说携美夜游是隋炀帝的作为，《隋唐演义》中就描写了隋炀帝带着萧皇后和众嫔妃夜游寻乐的故事，二十四桥的桥名来自从游人数二十四的传说或源于此。郝璧有广陵竹枝词为之佐证："周遭二十四桥是，十六院中人已非，隋帝不来殿脚冷，曲池我亦醉忘归。"说二十四桥是扬州名桥总数的也大有人在，宋代科学家沈括素以考据严谨著称，他在《梦溪笔谈·补笔谈》中，对二十四桥一一作了考证，确证扬州的"桥乡"之称。几种说法都言之凿凿，连扬州人也被搅得神魂颠倒，至今也拿不出一个定论来。模棱两可的说法，让人感受着朦胧和迷幻。其实人们所追寻的不过是心中的"二十四桥明月夜"，又何必考证得天衣无缝？诚如清代学者魏源所言："二分烟水一分人，廿四桥头四季春。蒲苇有声疑雨至，谁知湖雾是游尘？"

二十四桥，主要有以下几种说法。

一是24座桥说，据《一统志》载，隋朝时曾置24桥于扬州，唐朝时仍可见到那24座桥，分布在当时扬州最繁华的街道上。宋代科学家沈括，在其《梦溪笔谈·补笔谈》中，指出唐时扬州城内水道纵横，有茶园桥、大明桥、九曲桥、下马桥、作坊桥、洗马桥、南桥、阿师桥、周家桥、小市桥、广济桥、新桥、开明桥、顾家桥、通泗桥、太平桥、利园桥、万岁桥、青园桥、参佐桥、山光桥等24座桥，后水道逐渐淤没。这种说法颇多异议。所列出的桥不足24座，并且有两座下马桥，不知是否重复；而唐代扬州城里极负盛名的禅智寺桥、月明桥等，为何未列入其中呢？有说，唐代末年的战乱，桥已全部倾圮了，但这只是猜测。又据说，到了明朝，二十四桥已全部毁坏，故明代程文德有"二十四桥都不见"的诗句。后来便有人认为"二十四桥"出现在文学作品中，不必太拘泥于现实。

二是排序编号说，有人认为，二十四桥是扬州城里排序编号为第24座的桥。依据是诗歌中常出现把桥编号的句子，如杜甫"不识南塘路，今知第五桥"；张乔《寄扬州故人》"月明记得相寻处，城锁东风十五桥"等。还有，宋代文人姜夔不仅在《扬州慢》中写过二十四桥，还在《咏芍药》中写下这样的句子："红桥二十四，总是行云处。"那么，二十四是不是红桥的编号呢？他在《过垂虹》中写道："曲终过尽松陵路，回首烟波十四桥。"尽管姜夔没有在数字前加"第"的字样，但使读者隐隐感觉到，编号说似乎存在过。或许在唐宋时期，扬州有很多桥，桥名不够用，只好用编号来代替。就像现在的城市小区内有几号楼一样。应该说这也是一种猜测，仅仅从古人的诗句来确定编号说法，显然没有足够的说服力。

三是泛指、代指说，我国向来就有对数字概念采取含蓄、朦胧、夸张的方式来表达，尤其在诗词中为说明事物的不凡、感情的激越，常常使用夸张数字，并不采取绝对数字。譬如"白发三千丈""飞流直下三千尺""山道十八弯""三百六十行"等，并非确数。那么杜牧的二十四桥是否也用了这样的手法来泛指扬州桥梁之多呢？这也是一种推测，是一种猜想的说法。"二十四"，在扬州现在的方言中仍然有"多"或"全部"的意思。比如说，"这个人二十四道全会"，意思是这个人多才多艺。这里的"二十四"与俗话"三十六策走为上策"中的"三十六"和口语"不管三七二十一"中的"二十一"一样，虚指多。因此，也可以这么说，扬州有很多座桥，就说有二十四桥。

四是一座桥说，就是桥名"二十四"，或称"二十四桥"，二十四桥有24级台阶，长24米，宽2.4米，两边护栏上的图案有24个。自宋代以来，二十四桥的几种说法已逐渐形成。其中能够确指是一座桥的，首推大词家姜夔。他在淳熙三年（1176）冬至日来扬州，写下《扬州慢·淮左名都》的诗，其中写道："二十四桥仍在，波心荡，冷月无声。念桥边红药，年年知为谁生？"这种写法，似乎是一座桥了。宋代还有几位诗人，他们描写的二十四桥，亦可认为是指一座桥。《扬州鼓吹词》说："是桥因古之二十四美人吹箫于此，故名。"据清代李斗《扬州画舫录》："二十四桥即吴桥砖家，一名红药桥，在熙春台后。"红药桥之名，出自宋朝姜夔的《扬州慢》。吴桥砖家在扬州西郊。梁羽生小说《鸣镝风云录》采用此说，所写扬州竹西巷谷啸风家就在此桥附近。

五是谐音说，桥名是阿师桥。二十四桥和阿师桥无论怎样念，若不仔细区分，听起来都是相同的音。是不是可以这样推测，二十四桥原本就是阿师桥，阿师桥是扬州赏月的一个好去处，夜晚宁静，视野开阔，月色极美。扬州城北，有一条河道，有近2500年历史，至今仍是垂柳疏朗，碧波荡漾，它是中国河道史上的活化石，此河乃是名著《左传》中所记载的（鲁）哀公九年（前486）"吴城邗，沟通江淮"中的"沟"。由于这条河道以邗城为起点，故名"邗沟"。唐朝时，这座桥位于城东，视野开阔，远离市区，确是赏月的好地方。二十四桥之谜似乎与阿师桥一联系后，变得逐渐清晰。虽然揭开二十四桥神秘的面纱，对于欣赏杜牧的诗歌来说，意义不大，但是照常理来看，后辈们总是喜欢给前辈留下的谜题找个说法，是对是错，其实并不重要。在这之中，过程似乎比结果更有意义。

如果兼顾各种说法，可以这样来解释：唐朝扬州的桥多，并不止二十四座桥，有人历数出二十四座有名的桥。其中一座在风景区，最具特色，就叫二十四桥。外地人、后人不断加以解释，说法就各异了。

现今的二十四桥由落帆栈道、单孔拱桥、九曲桥和吹箫亭组合而成。二十四桥为单孔拱桥，如玉带飘逸，似霓虹卧波。桥上围着汉白玉栏杆，洁白的桥栏板上刻着彩云追月。桥长24米，宽2.4米，栏柱24根，台阶24级，处处都是二十四这个数，环环都与二十四桥相呼应。桥旁即为吹箫亭，小巧别致，亭前有平台。水边有湖石堆叠的彩云，周围遍植馥郁丹桂，云、水、花、月，复制出当年"二十四桥明月夜"的妙境。月明之夜，清辉笼罩，微风吹拂，画舫拍波，缓动的湖水折射着月影，错觉中竟是凝坐在月亮微暖的胸怀里，手里还握着它柔软的角芒。一弯胖月，几道细波；拱桥为蕊，西湖做瓣，瘦西湖在这一刻绽如睡莲。人还醒着，心却低语着要入梦入幻。

11　　　　　　　　　　　　万夫莫开城门桥

◇ ....

　　古代战争最直接的一种方式，就是攻占城池。

　　城池在古代指城墙和护城河，也可以泛指城市。城池，又称为城郭，是中国、韩国等东亚国家古代的军事防御建筑，城谓城垣，池谓城河。旧时都邑四围有城垣及护城河，以资防守，因而有城池之称。

　　从军事进攻的角度看，一座城池的最薄弱环节，自然是城门。因此城池的设计者自然会对其加大保护力度，强化其防御能力。规模

城门吊桥

小一点的城池，一般设置有吊桥。

也许大家无数次从古装影视片中，看到这样一个雷同的画面。两方人马围绕一座城池展开攻防战，当进攻的一方大军攻来的时候，防守的一方拉起护城河上的吊桥，坚守不出。只留下进攻方千万大军，在唾手可得的城池面前，暴跳如雷，面对护城河，就是寻门不得。

简单实用，吊桥在冷兵器时代，确实是一件难得的防守利器。其实吊桥也没什么特别的秘密，就是用固定在城楼上的类似于卷扬机的设备（这种设备和古代水井上的辘轳完全一样），利用绳子牵引，控制升降。

1969年年初，因为环线地铁施工，拆除西直门的时候，在西直门的箭楼底下，发现了被包裹在夯土里边的元代城门和吊桥遗迹，这就是元代末年建造的和义门瓮城的城门。明永乐十七年（1419），和义门改称为西直门。

西直门的吊桥有史可证：元末代皇帝元顺帝至正十八年（1358），反元起义的红巾军打到了通州，另一支红巾军占领了元上都，并且火烧了元上都的宫殿，元朝廷受到极大的震动。第二年的十月初一，元顺帝下令将元大都十一座城门全都加筑瓮城，并且在瓮城外侧开挖护城河，建造吊桥，以加强防御。

安徽合肥的东门大桥就是合肥人常说的威武门大桥，它是合肥东门"喉咙"，是兵家必争之地。据《县志·疆域志》记载，威武门吊桥，在门外正东跨淝河，后建为石拱三孔桥。威武门，就是大东门。

在古老的西安，2005年城墙南门吊桥和闸门改造工程基本完工，8月17日首次投入使用。游客到了那里有机会亲自升降吊桥，感受古都独特的入城仪式。

一座很普通的吊桥，既是交通设施，也是军事设施，更是古代一处独特的文化缩影。

12　　　　　　　卢沟晓月映烽烟

◇ ⋯⋯⋯⋯⋯⋯

　　拥有"前挹九河，后拱万山"之势的北京湾，在其出口处有一条长河，自西北向东南滚滚而下，即今永定河。该河发源于山西省宁武县管涔山，古时曾叫过漯水、浑河、小黄河、墨水河、桑乾河、无定河等名称。此河自唐代始又叫卢沟。一是因其流经京西卢师山下；二是古代京师人把黑浑色称"卢"，故名。南北旅客，无论从华北大平原北上，还是从东北松辽平原、西北蒙古高原南下，均需横渡卢沟。这一特定的地理环境，促进了卢沟渡口的发展。因其水质浑浊，泛滥无常，清康熙三十七年（1698），皇帝为镇治水患而"金口玉言"，将无定河改为永定河。永定河上有一座桥，就是名扬中外的卢沟桥。

卢沟桥

早在13世纪，卢沟桥就闻名世界。那时候有一个意大利人马可·波罗来过中国，他在游记里，十分推崇这座桥，说它是"世界上独一无二的"，并且特别欣赏桥栏柱上刻的狮子，说它们"共同构成美丽的奇观"。因此，直到今天还有很多人称卢沟桥为马可·波罗桥。

关于卢沟桥，还有这样一个传说也广为流传：

在古代，卢沟桥这个地方其实没有桥，只有渡口，靠摆渡让人们通过湍急的河流。靠近摆渡口有一个小镇，镇上虽然人口不多，可是却热闹非凡，为了方便从渡口经过的行人，开了不少的客栈和商号，摆渡人也由一两家发展成十多家。有一个田姓人家，本来是做买卖的，后来看摆渡生意好，也跟着打了一条船，干起了摆渡的生意。

镇上有个山西人姓卢，回家探亲，来到渡口，遇上那姓田的摆渡人。姓田的摆渡人见他身负巨金，便见财起意。那时永定河水大浪急，摆渡人就三摇两晃地把姓卢的商人给晃到水里去了。拿到钱后，用这笔钱做起了大买卖。

后来他生了个聪明可爱的儿子，特别招人喜欢。可是他儿子到了5岁的时候，就变了，每天都要打他爹爹六个嘴巴子，一边打一边说："天也大，地也大，你贪财把人推下河，伤天害理出人命，我不打你长不大。"田姓摆渡人又惊又怕，莫不是卢姓商人回来报仇？

摆渡人开始每晚都做噩梦，每次梦里都出现那个姓卢的生意人。为此，他非常苦恼，专门去请庙里的高僧做法事。直到这时，他才明白事情的前因后果，其实孩子说的话是庙里一个老和尚教的。这老和尚住在河边的一个寺里，那天正巧看见了摆渡人害死姓卢的生意人。于是老和尚待摆渡人的孩子长大懂事后，就教给这个孩子这么做。

摆渡人痛苦不堪，只好去寺里向老和尚忏悔，老和尚闭着眼说："你把你所有的钱财都拿出来，在这儿修一座桥吧，为民造福，弥补你以前的过错。你儿子就不再打你，你也能睡个安稳觉了。"

摆渡人听了老和尚的话后毫不犹豫，请了很多工匠，只用了三个月的时间，就在永定河上建起了一座桥。桥叫什么名字好呢？这时，老和尚出现了，老和尚说："你这桥是还姓卢的账，就叫卢沟桥吧。"

只不过那时摆渡人建的桥是一座小卢沟桥，不是现在的这座大桥。

现在的卢沟桥始建于金大定二十九年（1189），明昌三年（1192）建成，卢沟桥应该算是金朝中晚期的建筑。

金代统治北中国120年，在灭辽和北宋后，在军事上对南宋不断取得胜利的情况下，公元1153年完颜政权从上京会宁（今黑龙江

阿城）迁都到燕京（改称中都）。到了金大定二十九年，金国已在
中都定都37年，国势达到全盛时期，与中原的政治、军事、经济联
系愈加密切，进出都城的唯一门户——卢沟渡口，原有的摆渡、浮
桥、季节性木桥等渡河方式已不能满足交通需要。在这一年，金代
第六任皇帝金章宗下令，在卢沟河上建一座大石桥。石桥于明昌三
年建成，金章宗命名为"广利桥"。但人们以卢沟河之故，一直称
此桥为"卢沟桥"。

　　《大金国志》说："离良乡三十里，过卢沟河，水极湍急。燕
人每候水浅，置小桥以渡，岁以为常。近年都水监（相当于水利
局）辄于此河两岸造浮桥。" 有一幅名为《卢沟运筏图》的画，从
中可以看出金代古桥的结构和造型，到今天，还大致保持原貌。

　　明代卢沟桥附近的狼窝口河堤常常溃决，淹没百姓的房屋田
舍，威胁北京城的安全。明代自
永乐十年（1412）到嘉靖三十四
年（1555）共修桥六次。六次均
无大工程。卢沟桥上石栏柱头的
石狮，是明朝1444年重修卢沟
桥的时候增加的。明代《帝京景
物略》也有卢沟桥的石狮子"数
之辄不尽"的记载。

　　最新出土文物中最具有价值
的是其中一块明代残碑石刻，它
仅存上半部，碑额雕有双龙图
案，其上阴刻"重修卢沟桥河堤
记"，详实地记载了"大明弘治

《卢沟运筏图》

三年（1490）五月"重修卢沟桥河堤的史实。

清代自康熙元年（1662）至光绪年间，共修桥七次，其中五次工程不大，只有两次工程稍大一些。

康熙三十七年（1698），康熙帝采取"疏筑兼施"的策略，命直隶巡抚于成龙对上游起自卢沟桥南良乡县老君堂村（今房山区窑上村与任营村之间）下游至永清县朱家庄（今河北永清县小朱庄）的永定河段进行全面统筹治理，建立起京南百余里的永定河两岸堤防体系。是年，康熙帝赐名永定河。

有一座碑亭内立有清乾隆帝御书"卢沟晓月"碑，"燕京八景"之一的"卢沟晓月"也是从乾隆时代开始盛名。乾隆是个好游山玩水的人，他几次下江南都从该桥上经过。赏着卢沟幽美的月色，吟出"霜落桑干水未枯，晓空云尽月轮孤。一林灯影稀还见，十里川光淡无……"的诗句，之后提笔写下了"卢沟晓月"。

卢沟晓月碑

卢沟桥本是出入京城的最后一个驿站，旅客当晚只能留宿这里的客栈，第二天拂晓桥头送别，发现晓月尚未西沉，月色在"送君千里终有一别"的离情中更显凄清了。由此，才使我们领悟到"卢沟晓月"原来可以不在天上，而在人与人的情意之间。

1908年，清光绪帝死后，殡葬于河北省易县西陵，须通过此桥。由于桥面窄，只好将桥两旁石栏临时拆除，在两侧添搭木桥，以便顺利通过棺椁。事后，又将石栏照原样恢复。

1937年7月7日，日军以搜查失踪日本士兵为由，包围了宛平城，在卢沟桥发生了激战，就是闻名中外的"卢沟桥事变"，这是中国展开全国对日八年抗战的起点。1637年，明崇祯皇帝为了抵御李自成而下令赶筑了宛平城，它原名"拱极城"，有拱卫首都的意味。后来李自成绕道进京，所以从军事角度来看，宛平建成以来一直是"闲置"着的，直到1937年，也就是整整三百年后，才肩负起守卫国土的重任。由于这场战争是扭转了中国人民命运的一场战争，因此，卢沟桥和宛平城响亮的名字便永载史册，名垂千古。

新中国成立后，在桥面加铺柏油，并加宽了步道，同时对石狮碑亭进行了修缮。1961年，卢沟桥和附近的宛平县城被公布为第一批国家重点文物保护单位。1971年，为保护卢沟桥减少其运输量而建立的卢沟新桥完工，但卢沟桥仍然继续承担交通运输任务。1986年，卢沟桥历史文物修复委员会成立，目的在于恢复卢沟桥原貌，工程拆除了1949年后铺设的柏油和1967年加宽的步道，恢复了古桥的原貌，同时将机动车的通行移至紧邻的卢沟新桥与之后修建的京石高速公路。

小学语文课本就讲过卢沟桥的狮子数不清，而且长相各异，各具形态，那是因为卢沟桥上的狮子是出自不同的年代。因为800年来永定河经常发生水患，总有几扇栏板被冲毁，望柱上的狮子也跟着遭殃，所以历代的修补中，补充石狮子是必不可少的。

元代的狮子刀法粗犷、造型拙朴，明代的狮子在其基础上只是脸上多了些斧凿的痕迹，而清代狮子的特点就是华丽、自信与活泼，到了民国则明显雕工细腻、线条柔美，同时也出现了镂空的作品。桥上硕果仅存的两只金代石狮，在某一年被雷劈了一只，现在只剩下东五拱西南望柱上的一只。

一座桥，它矗立浊流800年之久后，就不仅仅是一座桥了，因为岁月的风霜在它身上留下太多的历史痕迹和文化印记，值得后人细读深思。

13　　　　　　　瑞士画廊教堂桥

◇ ....

　　瑞士，这个被称为"世界花园"的地方，同时也是传统酒店教育的起源地和中心。这里有着雄伟巍峨的山岭、绿色茂密的森林、清澈澄净的湖泊，到处都是可以漫步的葡萄园、激动人心的景色、迷人的城市。但到过瑞士的观光客常发出这样的感叹：不到卢塞恩就等于没去过瑞士。此言在世界文艺大师们的笔下似也可找到旁证。那位多次到过卢塞恩，其居住过的楼房至今还完好地保存在罗伊斯河北岸的浪漫主义大文豪雨果在写到卢塞恩时就留下了"幽雅、静谧，碧水轻轻地拍着河岸，柔水在我的脚下流淌……"这样优美的诗句。而贝多芬创作的不朽名篇《月光曲》，其第一乐章则不禁使人想起"犹如在瑞士卢塞恩月光闪烁的湖面上摇荡的船儿一样"。

　　这座湖光山色相互映衬的美丽城市于1178年建城，迄今已有

800余年的历史了，而这座城的标志就是教堂桥。

教堂桥

完工于1333年的那座带顶的木制长桥，凌空横架于卢塞恩湖水与罗伊斯河河口连接处的河面之上，它就是俗称"花桥"的卡贝尔廊桥，也称教堂桥。这座经历了将近7个世纪风雨的木制长桥是欧洲最古老的木结构桥梁，现已成为卢塞恩闻名遐迩的标志之一。黄褐色的桥顶的教堂桥像一架折叠的风琴横过河流，廊桥斜顶由黄色瓦片覆盖。常年有盆栽的鲜花沿着木桥排成一排，远远地就可以感受到生命的活力与芳香。桥中央灰色的八角形水塔高达43米，13世纪时曾经是城墙的一部分，在历史上还曾经是卢塞恩的档案馆、金库、监狱和审讯室。直立的水塔和横卧的木桥相映生辉，形成了独特的景观。这里是卢塞恩的地标和瑞士最上镜的标志性建筑。每逢夏季，木桥外侧还种有色彩艳丽的天竺葵花，远远望去，卡佩尔廊桥如同一条红色飘带飞挂在清澈见底的罗伊斯河河面上，与桥下悠然戏水的白色天鹅、黑色野鸭互相辉映，构成一幅分外动人的美丽景象。所以这里也被恋人们称为"花桥水塔"。

走在木板钉就的桥面上，"咚咚"的脚步声让人感觉到时光的沉淀。廊桥顶部的彩色油画大约每隔几米就有一幅，据说有120幅，内容多为卢塞恩的宗教历史和英雄人物的故事。还有描述当年黑死病大流行景象的画作。黑死病为一种恶性传染病，曾使欧洲死人过半，绘画在此，就是让人们记住那场灾难。欧洲人讲卫生、不随地吐痰的习惯据说与此有关。有趣的是，这横楣上的油画规格一反常态，清一色的三角形，据说瑞士那独特的巧克力品牌Tobleron其外观之三角形就是由此而来。

教堂桥顶

教堂桥是欧洲最古老、设计最独特、造型最美观的桥之一，由于桥上保留了120多幅有关卢塞恩的历史名画，也就保留了卢塞恩市的发展史。教堂桥本身又可称为一座历史博物馆，因此这座桥成为地标性建筑物当之无愧，无可争议。

教堂桥上原有画作158幅，至1993年火灾前尚存147幅，火灾后只有47幅幸存下来，而只有其中的30幅最终完全恢复，与游人重见。绘画所用的三角形木板底边长在150厘米至181厘米之间，高85厘米至95厘米不等，材质大多为云杉，并有少数椴木和枫木。

当我们在桥上轻轻漫步，仿佛感受到600多年来从桥上匆匆走过的人们的气息。在他们当中，有俄国大文豪列夫·托尔斯泰，有尼采、瓦格纳、司汤达、马克·吐温、雨果、大仲马……

今天，世界各地的游客寻着他们的脚步走来，走进廊桥，走进历史，走进如诗如画的卢塞恩，领略教堂桥的气势与风光。

14　　奇桥出自达·芬奇

◇ ....

　　人们提起达·芬奇的时候，首先会想起那幅著名的《蒙娜丽莎》。当然，世界上没有任何一件艺术品能像《蒙娜丽莎》那样誉满全球，同时引来各式各样的评价。

　　其实列昂纳多·达·芬奇，意大利文艺复兴三杰之一，也是整个欧洲文艺复兴时期最完美的代表。他是一位思想深邃、学识渊博、多才多艺的画家、寓言家、雕塑家、发明家、哲学家、音乐家、医学家、生物学家、地理学家、建筑工程师和军事工程师。他是一位天才，一方面他热衷于艺术创作和理论研究，研究如何用线条与立体造型去表现形体的各种问题；另一方面他也同时研究自然科学，为了创作真实感人的艺术形象，他广泛地研究与绘画有关的光学、数学、地质学、生物学等多种学科。

　　在建筑方面，达·芬奇也表现出了卓越的才华。他设计过桥梁、教堂、城市街道和城市建筑。在城市街道设计中，他将车马道和人行道分开。设计城市建筑时，具体规定了房屋的高度和街道的宽度。米兰的护城河就是他设计和主持建造的。

　　1502年，达·芬奇曾为伊斯坦布尔鄂图曼苏丹巴耶塞特二世的土木工程专案制作单一跨距达219米的桥梁草图。这个设计打算让桥梁跨越博斯普鲁斯海峡口的金角湾。如果能建成，它将成为当时世界上最长的桥。几个世纪前，这个用于步行和自行车通行的拱桥被人们认为是不可行的。犹如弯弓般的单拱跨度设计非常之薄，并向外逐渐延伸至地面。但因巴耶塞特二世认为该工程难度太大、造价太高，无法建设而未施行。

　　1995年，挪威艺术家韦比约恩·桑德因一次偶然的机遇见到了这张设计草图。他回忆说："我第一次见到她，就被她精美的造型征服了。她是功能与审美的完美结合。"桑德通过种种努力，终于使挪威公路管理局相信，达·芬奇设计该桥的原理完全成立，这座桥是可以被造出来的。经过考察，建桥地点被确定在挪威首都奥斯陆以南30多千米的霍尔斯特，跨越从斯德哥尔摩到奥斯陆的欧洲18号公路。

　　目前落成的这座步行桥，共耗资136万美元，除扶手使用了不锈钢之外，完全采用木料建造。其实，达·芬奇当年的设计是用石头作为建桥材料，但是挪威人觉得石头太贵了，所以将建桥的材料改为木料。达·芬奇的原计划跨度是720英尺（约合219米），但设计师把长度削减至300英尺（约合91米）。

挪威金角湾大桥

　　10月31日，在北欧的寒风细雨中，挪威王后和500多名各界来宾为一座造型独特的大桥剪彩。直升机在人们头顶盘旋，起重机缓缓掀起了足有4.8万平方英尺的白布，一座100米长、8米高的木桥展现在大家面前，三个浅色的木拱如同三只被射手用力向后拉的硬弓，牢牢地支撑着桥身。令人难以置信的是，这座桥的设计者竟是500年前的达·芬奇。也正因为如此，桥被命名为"蒙娜丽莎"。

　　据悉，这是达·芬奇的建筑设计首次被付诸实施，这个设计在美学和设计学上都是经典的范例。桑德自豪地说："5个世纪前，人们认为这座桥不可能建起来，但我们把它建起来了。我们成功地证明了达·芬奇设计该桥的原理是可行的。"桑德说他还有一个梦想，"我们要在全世界推广这种桥，让每个大陆都架起'蒙娜丽莎桥'"。

　　2006年5月17日，土耳其政府决定在实地建设达·芬奇桥跨越金角湾，让该桥终于成形。

15　威尼斯城叹息声

◇·················

　　一条幽深的水巷，一艘弯月般的小船，小船上有对初恋情人；在一座精致的桥梁下，夕阳映照在恋人初吻的脸上。如此美好而感人的画面，是影片《情定日落桥》中最让人难以忘怀的一幕。它的背景就是威尼斯，那座精致的桥梁就是威尼斯著名的叹息桥。传说，如果恋人在桥下拥吻，就会天长地久。

　　到威尼斯的人一定要坐刚朵拉，坐刚朵拉的情侣一定要经过叹息桥，且在桥下拥吻。叹息桥不像威尼斯的几百座桥，供行人穿越。它是座桥，也横过水面，但它夹在两栋紧挨的楼宇之间，桥的一边是总督府，白色的大理石上刻着图案、托着拱形的带着花边的窗户，据说在14世纪时，里面可以同时容纳1600位王孙贵胄。叹息桥的另一边，也是同样的石造楼房，只是外表一片漆黑，窗户上全围着粗粗的铁栅。据说这是当年的监狱，在议事厅里被判刑的重犯，便被打进这个死牢的地下室，再也见不到外面的世界，只有一个机会——当犯人被定罪，从总督府押过叹息桥的时候，可以被允许，在那桥上稍稍驻足，从镂刻的花窗，看看外面。

据说有个男人被判了刑，走过这座桥，在窗前停下，男人攀着窗棂俯视，见到一条窄窄长长的刚朵拉，正驶过桥下，船上坐着一男一女，他们在拥吻，那女子竟是他的爱人。男人疯狂地撞向花窗，窗子是用厚厚的大理石造的，没有撞坏，只留下一摊血、一具愤怒的尸体。血没有滴下桥，吼声也不曾传出，就算传出，那拥吻的女人，也不可能听见。血迹早洗干净了，悲惨的故事也被大多数人遗忘。只说这是叹息桥，犯人们最后一瞥的地方。且把那悲剧改成喜剧，说成神话。如果情侣能在桥下，爱情将会永恒。事实上，当犯人在总督府接受审判之后，重罪犯被带到地牢中，可能就此永别人世了，所以在经过这座密不透气的桥时，不由自主地发出叹息之声。

即使现在，游客站在威尼斯著名的叹息桥上，左手边是宫殿，右手边是监牢，心中不禁会冒出一声叹息来。天堂与地狱，由这样一座短促的桥梁连接，断肠人的叹息还没结束，就已进入另一番世界去了。幸福与绝望，原来只是在一瞬之间……

据说，在日落时，只要真心相爱的恋人来到这里接吻，他们的爱情将永远那么坚固，那么长久，永生永世。所以，每年有无数恋人前来，为了一生一世的爱情童话，在桥下忘情接吻。

这座连着高贵与低贱、生存与死亡、阴谋与爱情的石桥，就是叹息桥。岁月淘尽了血渍，把不忠的爱恋传说成永久的情缘。当年的惨烈与心痛，大概只有叹息桥才记得。今天，无数从世界各地来威尼斯旅游的情人都想在叹息桥下拥吻，希望他们的爱情能够永恒。然而，不知道在他们拥吻着经过叹息桥的时候，是否听见遥远如天堂的地方传来了一声声隐隐的怒吼。不知道在他们祈祷爱情永恒的时候，可曾听见古老的大理石深处那沉重的叹息。如此悲伤的故事，却又让后人与浪漫的爱情联系起来，电影《情定日落桥》就在这里取景，正是因为这座桥下自古就是威尼斯人谈情说爱的地方。相传，18世纪欧洲大情圣卡萨诺瓦常与他的新女友乘坐刚朵拉，在日落的钟声响起的那一刹通过叹息桥，同时不失时机地把吻献给自己的恋人。卡萨诺瓦用这样的方式先后在这座桥下俘虏过众多女子的芳心。为了纪念这位大情圣，人们在距叹息桥不远的地方立了一组雕塑：卡萨诺瓦手挽一位贵妇，风度翩翩。卡萨诺瓦喜爱魔术，魔术是他追求女人的利器，而魔术也让他身陷牢狱，可他走上叹息桥，并未屈服，于是一年后耍了一次越狱魔术，随后仍然进出欧洲各国上流社会，成为"永不停息的游历者"。

威尼斯叹息桥

当这一传说被著名导演戴安·莲和泰隆·尼尔斯勃纳在《情定日落桥》里向世人演示之后，威尼斯及其叹息桥更成了欧美年轻人心目中向恋人表达爱慕之情的最浪漫的地方。"日落的钟声响起时，我要在日落桥下吻你"的台词也随之成为最经典的爱情表白，在全世界流行起来。

浪漫是够浪漫，只可惜要在同一时刻把乘船、过桥、拥吻与钟声凑在一起，可能需要特别好的运气才行。当然，如果实在不能在落日的钟声响起时在叹息桥下与恋人相吻，也不必为此而叹息。你还可以在落日时分，吹着徐徐海风，泛舟于威尼斯运河，听着刚朵拉上的歌手伴着手风琴的旋律唱着情歌……

有本小说名曰《叹息桥》，由亦舒所著。《叹息桥》主要内容是：人生就像一座桥，我们自彼处来，往那头去，一边走，一边不住叹息，因恨事太多。这是一座横跨于市政厅宫殿东侧与监狱之间的叹息桥，桥下是海水，凡过此桥上或桥下者必定叹息不已。桥的两边相对于彼岸犹如天堂与地狱，叹息桥正是连接两地的转折点。曾经在这里向世界告别的死刑犯的叹息声，已经隐退在历史的角落里，如今的叹息桥已经是世人来此观光游览的地方。

16　　　　　　敢叫旧桥换新颜

◇ ·················

　　700多年前的佛罗伦萨城。在当年一座名不见经传的石桥上，那偶然的惊鸿一瞥，成就了但丁这个名字，也成就了世界文学史上的一部伟大绝唱——《神曲》。

　　但丁（1265—1321）诞生在佛罗伦萨一个受人尊敬的小贵族家庭，少年时代受到良好的教育，对当时的各个学术领域都有涉猎，并很早就开始了诗歌创作。佛罗伦萨的大街小巷闪现着他青少年时代的身影，留下了他的足迹，也留下了他永恒的爱情。在这里的一座石桥——韦基奥桥上，但丁遇见了他的梦中情人——比阿特丽彩。

　　韦基奥桥的设计者是乔托的弟子加迪。这座桥建于1345年，它的名字韦基奥桥（旧桥）是佛罗伦萨人杜撰的词语，以便与卡拉伊亚桥——当时有名的"新桥"区分开来。与韦基奥桥相邻的两座桥是西边的天主圣三一桥（或称圣特里尼塔大桥）和东边的感恩桥（亦译为阿勒教堂大桥）。韦基奥桥是意大利佛罗伦萨市内一座中世纪建造的石拱桥，位于阿诺河上，也是欧洲出现最早的大跨度圆弧拱桥。

早在伊特鲁里亚时代，阿尔诺河最狭窄的地方就一直有座桥。在罗马人统治时期，连接罗马与北部主要城市的卡西亚公路就是从桥上通过的。之后的几个世纪中，虽然每次洪灾之后，桥的木制上部结构经常被更换，但它仍是城市中唯一通过阿尔诺河的地方。第二次世界大战期间，据说希特勒曾命令陆军元帅凯塞林在纳粹分子撤离佛罗伦萨时绕过这座桥。

韦基奥桥的另一个特别之处在于桥上建有店铺。13世纪时，商店最先出现在原来的桥上。大部分店主都是鱼贩子和屠夫，他们主要看中这条河是倾倒垃圾（废物）的方便场所。接着制革工也来了，他们先用河水浸兽皮，再用马尿将其制成皮革。后来，桥中心的空间完全开放（现在也是如此），允许垃圾直接倾倒在水中。

到了1593年，大公爵费尔迪南多把这些被他称为"卑鄙艺术品"的实践者们驱逐走。原来的商店以双倍的价钱出租给约50名珠宝商和金匠，他们中大多数人的后代现仍在桥上漂亮的木制百叶窗商店中做生意。佛罗伦萨最著名的一位金匠——本韦努托·切利尼的半身像位于桥中心。

桥面的两侧是大大小小的铺子，瓦萨利走廊从河对岸的彼提宫延展下来，彩虹般从桥上的商铺顶上掠过河水，再转向沿着河岸一直连进市政府的大楼。彼提宫曾是文艺复兴之教父美第奇家族的府邸，成就了米开朗基罗、达·芬奇、伽利略这些人类文明史上最灿烂的艺术和科学大师的美第奇家族活得很有气势，瓦萨利走廊就是当年的托斯卡纳大公为不需穿过人群就能从宫殿直接进入他的市政厅而专门修建的，同样为了大公的威望，长廊下那些商号也从屠宰牲畜变成经营灿烂的珠宝黄金。

韦基奥桥（旧桥）

要说韦基奥桥的美，美在这里的建筑在美第奇之后就不再有改变，洪水冲坏的，修复后一切照旧。就连战败的希特勒在离开这里时，也终于不忍将这座桥如跨越阿诺河的其他大桥那样轰然炸毁。

韦基奥桥的桥头就是Contenentale酒店，设计师奇思妙想，在正对桥口的二楼安排了休息室和顶楼的露天花园。休息室里有松软靠垫的沙发，以及落地镜。客人还没进休息室，就已经浑身放松，点一杯鸡尾酒，把自己埋进沙发，浑然忘记了旅途的疲劳和焦虑。在这里，这种意义上的放松是为了能更真切地感受这座城市的昨日和今天，那种惬意，全然不同于在街道里劳碌奔走的感觉。墙上的黑白照片干净简洁，菲尔卡蒙的经典设计装饰着21世纪的舒适。窗外，当客人的视线越过无数红瓦铺顶的老屋，白鸽飞起的时候，佛罗伦萨忽然回到了昨天。熙熙攘攘的旅行团和衣着艳丽的游客似乎来自另一个星球，他们成了静默中的演员，走在历史里，默默无声地走过韦基奥桥。这时候，倘若客人能安静地躺在沙发里、坐在酒店套房石块镶嵌的窗台上，不需要走出酒店一步，时空穿越的佛罗伦萨、梦幻一样的韦基奥老桥好似在眼前放映着无声电影，给人的思绪带来最大的飞翔空间。

17　　　　　　　　　　　　樱花如谢锦带舞

◇ ┈┈┈┈┈┈┈

　　杭州西湖白堤中段有锦带桥，里外西湖正是由锦带桥一桥相通，才有碧波相连。远远的，小船"咿呀"过了桥洞，从万顷碧波渐入藕花深处，水天一碧变成了闹红一舸，有种人在画中游的味道。清代许承祖在《西湖渔唱》中有专咏锦带桥的诗："波光山色渐模糊，锦带桥平入画图。约略前身是渔父，一竿双桨占西湖。"

杭州锦带桥

　　而一座位于日本山口县岩国市内的五孔石墩木拱桥也叫锦带桥，它跨度27.5米，全长193.3米，宽5米，同时享有日本"三大名桥"和"三大奇桥"的美誉，曾被选为世界上最美的13座大桥之一。锦带桥横跨山口县境内最大的河锦川河，锦带桥的名字一则出自锦川河，如锦川之带，故名；一则出自桥梁本身的优美和两岸旖旎的风光，尤其是春天到来的时候，两岸的樱花开放，将古老的木桥装扮得更显古典优雅的气质。

　　两座桥都叫锦带桥，但这不仅仅是巧合，而是这两座桥之间有着千丝万缕的联系，尤其与一个法号"独立性易"的高僧有着莫大的关系。

　　1653年，杭州文人戴笠东渡日本，落发为僧，法号"独立性易"。独立性易是杭州仁和县人，姓戴，原名观胤，后易名笠，号曼公，明末清初名医、黄檗僧人、书画家。

　　戴曼公年轻时习儒业，博学能诗，兼工篆隶，曾向杭州龚廷贤学习医术。龚氏曾任太医院医官，使戴曼公尽得医术，并对《素问》《难经》有较深的研究。1645年，南明弘光政权灭亡后，戴曼公改名笠，行医为生，活动于桐乡、吴江一带，与顾炎武、戴耘野等人参加吴江"惊隐诗社"，抒写明亡之痛，吐露爱国之情。

　　清顺治十年（1653），当时江浙一带抗清武装已被清兵平定，他见"乾坤亟覆，惨出奇常；大地腥群，苟存遁迹"，自感反清复明无望，于是泛舟东渡日本避祸。刚到日本时居住在同乡医生陈明德（颖川居士）家，行医为生。当时日本长崎一带痘疮流行，独立性易用痘科医术为病人治疗，救人无数。

　　独立性易虽然侨居日本，但他对家乡的思念之情却从未割断，常以诗文寄情。他的抄本诗《东矣吟》，今藏神户市立博物馆，内有《与无方话我西湖雨奇晴好之胜》：

> 一念江乡一惘然，忽逢君话圣湖边。
>
> 千峰翠泼芙蕖影，洗出朝来雨后天。

又如《西湖怀感三十韵，有引》：万里家乡，一湖梦寐，六桥花柳，十载荒芜……冥冥结思，未能一息之忘我西湖耳……

独立性易在咏诗的时候，可能没有想到他对西湖的感情很快就要找到寄托了。因为岩国地区的第一代藩主吉川广家打算在领地内的大河锦川河上造一座桥，但是由于跨度大（200米左右），常发洪水，因而屡造屡败。直到第三代藩主吉川广嘉时期，所造桥梁屡次被水冲垮，仍然造不起这座桥来。

独立性易与岩国第三代藩主吉川广嘉熟识，他毫不犹豫地将《西湖志》介绍给吉川，帮助修建日本"锦带桥"。《西湖志》中，姿态优雅的西湖锦带桥、杭州的许多优美建筑为岩国的桥梁设计师提供了灵感。1673年首次建造完成，锦带桥跨度27.5米，全长193.3米，宽5米，锦带桥桥身呈五段弯折，如缎带般，桥下是清澈见底的锦川河，整座桥为木结构，以拼接技法组合而成，未用一个钉子。锦带桥与日光"神桥"及大月"猿桥"并称为日本三大名桥，也是岩国市的象征。

这座桥刚建成不久，就出了故障，被水冲垮。于是又加固石基，几经折腾，终于在翌年完成了这座美丽坚固的木桥。桥建成后，藩主开始向属民征收"桥出米"税，用于桥身养护。可是，尽管普通百姓人人都要纳税，能使用这座桥的却只有武士和一部分商人。直到明治时代，幕府制度废弃，交了两百年"桥出米"税的老百姓才获准登上这座桥。

1950年，这座桥再度被台风摧毁，现在看到的是重新修复后的样子了。1953年重建完成，改用石材做基桩，桥面仍旧采用木材造。2001年至2004年再次重新整修。新修的锦带桥，就是现在展现在世人面前的样子。

日本锦带桥

2004年，日本锦带桥与杭州锦带桥结为姐妹桥。知道了这段历史，在观赏日本锦带桥时，偷偷也被中国老祖宗的大智大慧感动了一下。

2009年10月，日本岩国市长福田良彦，人生第一次踏上了杭州之行。而对于他所在的日本岩国市而言，因为锦带桥，与杭州的渊源是古老而富有缘分的。

刚刚到杭州，福田良彦就第一时间走上了锦带桥。"之前，我就对杭州的美景和文化有所耳闻，这一次亲眼所见，对杭州有了不一样的感受。"福田良彦说，杭州对历史文化保护方面所做的努力以及城市的高速发展都给他留下了深刻印象。

不过，此行福田良彦还有一个重要的计划："我们希望能以锦带桥的缘分为契机，在申报世界遗产方面、旅游观光方面和杭州有进一步的合作。"岩国市也正打算与杭州市政府协商，在西湖锦带桥旁边立一座纪念碑，以此来纪念这一段跨越海峡的友城之缘。

而今，这里不但木桥优美，两岸的风光也非常漂亮，春天到来的时候，樱花满树，流芳异彩。在锦带桥的桥头，有一棵特别粗大的樱花树，据说是日本的樱花标准树，它的花一开，就宣布日本春天的到来。

锦带桥兼备独创性与合理性的精巧结构，使得这座五连拱桥坚韧而强劲。用短的建筑材料打造出的大跨度拱桥，其力学上无懈可击的精湛技术令人赞叹。观看着经过多次翻修的桥体，依然能感受到历史遗留下来的历史韵味。

锦川河畔今存独立性易禅师纪念碑，人们在歌颂锦带桥的时候，不知道会不会记起独立性易。当年他在诗中写下"未能一息忘我西湖"时，一定不会想到，300多年后，自己的书法作品竟能回到他魂牵梦萦的杭州。

2012年11月，"明末清初禅宗高僧墨迹展"在浙江美术馆开幕，展出包括独立性易、东皋心越等人的作品共94幅，其中74幅作品，是最近五年内杭州永福寺从海外收集的书画作品。

18 莲花五亭涵月影

◇ ⋯⋯⋯⋯⋯

在国庆50周年大典上，60辆制作精美、造型新颖的彩车出现在游行队伍当中。在江苏彩车上，古城扬州的标志五亭桥被放在了最显眼的位置，成为举世瞩目的焦点。

五亭桥又名莲花桥，建于清乾隆二十二年（1757），已有200多年的历史了。这座桥长50余米，宽19.1米，高6米，最大跨径7米，是乾隆皇帝第二次下江南，巡盐御使高恒为讨好皇帝，特雇请能工巧匠设计建造的。极富南方特色的五座风亭挺拔秀丽，中间一亭最高，周围四亭对称拱立，衬托着主亭，就像五朵冉冉出水的莲花。这桥别出心裁，将亭和桥融为了一体。桥下列四翼，正、侧有十五个券洞，彼此相通。周围桥柱都做成狮的形状，翘着的亭角上各悬铜铃。桥亭上悬挂的隶书"莲花桥"横匾为郑板桥手迹，亭柱上亦有楹联：堤畔莺花桥畔月，竹边歌吹柳边舟。

五亭桥

　　这座桥独具特色的桥，是仿北京北海的五龙亭和十七孔桥而建的，阴柔、阳刚和南秀、北雄的完美结合是其最大的特色。因为这里的地名原来叫莲花埂，建的桥又状如莲花，故名莲花桥。扬州人没有不知道五亭桥的，但说起莲花桥未必都知道。五亭桥是它的俗名，莲花桥是它的官名。相当于人的小名与大名。在桥北竖立的文物碑上，就冠以莲花桥。

　　据说，乾隆南巡到此曾感叹它像琼岛春阴之景，这就点出了该桥是借鉴北京北海之景。确实，该桥受北海五龙亭的影响很深，五龙亭是五亭临水而建，五亭皆是黄色琉璃瓦顶，亭与亭之间有石梁相连。扬州五亭桥无北海开阔水面，当然无法把五龙亭照搬。但聪明的工匠别出蹊径，将亭、桥结合，形成亭桥，分之为五亭，群聚于一桥，亭与亭之间以短廊相接，形成完整的屋面。桥亭秀，桥基雄。这是力与美的结合，壮与秀的和谐。

五亭桥是扬州风格亭桥的代表作，现在不仅是瘦西湖的象征，也成了扬州的象征。许多扬州的地方产品，缸套、糖果、包子等也都以五亭桥为商标。可见，五亭桥从古至今都是扬州人的骄傲。《望江南百调》中提到：扬州好，高跨五亭桥，面面清波涵月影，头头空洞过云桡，夜听玉人箫。

五亭桥比例适当，搭配和谐，桥基用大块青石砌成，但显得十分纤巧。如果说瘦西湖像一个婀娜多姿的窈窕淑女，那么五亭桥就像一朵莲花组成的腰带紧束着瘦美人的腰肢，更显出她无比迷人的风姿。配上附近的纤细白塔，一横一竖，一白一彩，水中倒映涟漪，别具风采。

五亭桥的桥身，由形状不同的券洞组成。优美的拱顶券洞配上敦实的桥基，桥基的直线配上桥洞的曲线，加上自然流畅的比例，就取得了和谐统一的视觉效果。难怪中国著名桥梁专家茅以升这样评价：中国最古老的桥是赵州桥，最壮美的桥是卢沟桥，最具艺术美的桥就是扬州的五亭桥。

站在五亭桥上，极目远眺，画舫穿梭，风光如画。南面有直插云霄的白塔，东面有掩映在湖光翠色之中的小金山钓鱼台，北面有郁郁葱葱的万花园。站在五亭桥上向东看，远处的湖光水色就是一幅典型的江南山水图景。而桥东面这座四面环水的建筑，叫做凫庄。凫庄建于1921年，因为形状类似浮于水面的野鸭而得名。它的整体建筑紧凑得体，有效地烘托映衬了五亭桥和白塔，成为瘦西湖上不可缺少的一处点缀。而从东面延伸到湖心的钓鱼台向西看，五亭桥和白塔分别嵌入亭台的两个圆洞中，其景致绝妙，成为瘦西湖游客必取之景。

在扬州民间，至今还流传着一个白蟒护桥的传说。据说清朝的时候，一条大白蟒盘旋在白塔上，将头伸到五亭桥下饮水，当地的老人都说这是神龙。只是日久天长，时过境迁，人们就渐渐把这件事淡忘了。有一次，一个外地人来扬州瘦西湖游览，他见到了五亭桥上精美的筒瓦，被迷住了，就颇具心思地对扬州的一个盐商说："听说五亭桥上的瓦可以消灾降福、护佑万事吉祥。"盐商听了暗喜，悄悄记在心头，待到夜深人静，这个盐商带着几个家人携长梯，去五亭桥盗瓦。但他架好了梯子，亲自爬上去，正欲动手取瓦，突然狂风四起，飞沙走石，盐商一下摔倒在地，长梯也被卷走了，家人被风刮得团团乱转，拼命抱住桥栏杆，连连磕头作揖，求老天饶命。这时一条大白蟒忽然从天而降，蟒身盘在白塔上，张牙舞爪，把头伸到五亭桥下戏水。白蟒那眼睛如铜铃般大小，目光直逼着盐商，盐商吓得瘫在地上，直打哆嗦。这件事很快一传十，十传百，扬州城老幼皆知有白蟒护着五亭桥，再也没有人敢动五亭桥上的一砖一瓦了。

当然这个传说可能是扬州人为了保护五亭桥，故意杜撰出来的故事，但足以反映五亭桥在扬州人心里的地位和重要性。五亭桥1956年被列为江苏省文物保护单位，2006年被列为全国重点文物保护单位。

但是五亭桥的命运坎坷，不幸中又有着万幸。

清咸丰五年（1855），桥上的五亭毁于兵火。所以晚清时期画家笔下的莲花桥只有石桥空存。

民国21年（1932），《扬州览胜录》中记载："于民国二十一年，邑人募资重建，计费九千七百余金，至二十二年落成。仪征陈延铧先生有重修碑记，建立桥之中心。"扬州很多老人均见过这块石碑。另外，有拓片记载了1932—1933年莲花桥重修的情况。重建工程由邑人捐资，共收到捐款九千七百四十六元五角七分。胡筠、洪兰友、叶秀峰、王柏龄等社会名流均捐款资助，风景整理委员会也拨款四百四十七元八角二分，由建设局长李楹主持，通过招投标形式确定施工单位，镇江何元记营造厂承建，此次重修最大的特色是变圆亭为方亭，增加了连廊。同时添置了黄瓦铜铃；相关资料也记载桥面为砖铺地，立柱直径只有20厘米左右，从民国31年（1942）出版的《老扬州》上的照片可以看出桥上五亭开始有连廊相接，外形基本与现在一致。但柱子过于纤细，整体来看，桥台厚重，亭柱纤巧，有上浮下重之感。

1942年，五亭桥再次进行修葺。据《扬州览胜录》中记载："民国壬午年县长潘公宏器，重加修葺，复立石碑于桥上，金碧丹青，备极华丽，五亭四角，系以风铃，风来泠然有声，清响可听。"

新中国成立后，由于桥基础下沉，石墙开裂导致木构架下沉，1954年由扬州建设科组织了一次揭顶大修，采取桥箱出土，增加钢筋砼柱基，原木柱直径20cm，因木柱开裂严重，为了加固和保护，采取了木柱外围加钉板条再粉水泥的形式，柱间坐凳是拆下原城区内牌坊制作的，至今还留有榫卯痕迹，黄瓦改用原皇帝行宫的黄琉璃瓦。

1984年，扬州市园林管理处牵头，扬州市市政工程处施工，用砼整浇加固已下沉的基础，环氧树脂胶合石墙裂缝，同时更换黄色琉璃瓦。1954年移用的皇宫旧瓦，随着岁月流逝，破损越来越多，维修时在宜兴建陶厂定制的琉璃瓦，原计划是与过去的琉璃瓦在色彩上一致，但由于烧制时厂方配方的出入，结果颜色没有以前皇家建筑琉璃瓦的厚重，反而使莲花桥益显轻灵秀美。

1989年10月20日，扬州市园林管理局按照市政府要求，主持对五亭桥查勘、测绘和修缮，由扬州市古典园林建设公司负责施工。但1990年维修时，因经费所限，实际未配石磲，立柱也没有更换，只是剥除水泥外粉部分及腐朽部分，用墩接"拼柱法"将原柱作为柱心，在外拼柱，拼成柱径34厘米的立柱。宝顶、花脊、戗脊、正当勾、斜当勾、兽、吻也没有定制，只是对残缺的水泥"寿"字脊进行了添补。

五亭桥屋面历经17年的风吹雨打，苫背松动，导致琉璃瓦多处滑移、坍塌、戗脊倾斜、倒塌，西南角亭东北脊倒塌。2007年，瘦西湖风景区管理处对五亭桥进行第六次"整容"，施工人员着重于桥亭顶部维护，并对木质建筑进行油漆，以尽量恢复五亭桥古貌。此次保养维修的重点是五亭桥的屋面琉璃瓦、屋面揭瓦，并重做了苫背，翻盖了琉璃瓦。屋面宝顶1954年曾用灰板条钢丝网粉刷，1989年改水泥预制板，这次维修恢复古建正常做法：水磨方砖十字错缝套雷公柱用水泥油叠装，中心灌糯米汁。此外，子角梁套兽、庑廊脊兽、混凝土寿字脊、鱼龙吻、吻座原来一直是水泥制品，与古建筑风格也不符，这次维修按原样换为砖细（古建术语，指用砖制成的部件）。过去维修添补的铜铃，虽然式样与历史一致，但一直不响。这次维修，按原样尺寸用响铜铸造，以重现风来声响的美韵轻音。

五亭桥因扬州而幸，扬州因为五亭桥而闻名。"天下三分明月夜，二分无赖是扬州。"中秋佳节，赏月是悠闲的扬州人必做的事。提到扬州城里赏月的最佳去处，第一选择非瘦西湖五亭桥莫属。八月十五月圆之时，如果乘船从桥下穿过，我们可以数出五亭桥一共有着15个桥洞。这15个桥洞，各洞衔月，金色荡漾，众月争辉，倒挂湖中，不可触摸。

更有传言，站在五亭桥不远处的小金山上，可以看到十六个月亮的奇观，水中十五个月亮，再加上天上的一个月亮，真照得扬州是月满乾坤了。《扬州画舫录》中有这样一段记载："每当清风月满之时，每洞各衔一月。金色荡漾，众月争辉，莫可名状。"扬州城里，五亭桥的十六个月亮，已成了中秋赏月的最大看点。

19　近代铁桥铸新篇

◇·················

　　如果你想知道世界上第一座铁桥是什么样子的，就需要来到英国的铁桥峡。这座拱形结构的铁桥建于1779年，跨度一百英尺（约30.5米），高52英尺（约16米），宽18英尺（约5.5米），全部用铁浇铸，有好几百吨重，可与罗德岛的巨人像相抗衡，同时，它是世界上最早的铁桥。作为世界上同类大建筑中的第一座，这座位于英格兰科尔布鲁克代尔的塞文河上的大铁桥，有一种完全适合18世纪的古典的匀称和雅致，它对于世界科技和建筑领域的发展具有很大的影响，是18世纪英国工业革命的象征。

　　沿着塞文河溯流而上，可以看到一个只有3000多居民，让英国人十分骄傲的小镇。这里距离伦敦150英里（约240千米），从伦敦驱车一路向北，约3个半小时车程，大城市的痕迹越来越少，取而代之的是一片田园风光。这里就是著名的铁桥峡谷。在100多年前，这里曾经引发了影响全球的一场革命——工业革命。也是这场革命，将一个由小业主和小商人组成的国家推向了世界老大的位置，并霸占这个位置超过100年，这个小镇就是铁桥镇。

铁桥峡谷以铁桥和鼓风炉最为著名，这里是采矿区、铸造厂、工厂、车间和仓库的罕见汇集区，密布着由巷道、轨道、坡路、运河和铁路编织成的古老运输网络，与一些由传统景致和房屋建筑组成的遗留物相共存。

据说当时这里炼铁业和采煤业十分发达，塞文河上日夜川流不息的是大大小小的运输船只，不停地将产品运往卡迪夫、伦敦和南安普顿等沿海城市和港口，或者将产品运往伯明翰进行进一步的加工，然后再远销到欧洲及世界各地当时英国的殖民地和其他国家。

铁桥村在什罗普郡，毗邻泰福德市，16世纪或更早些时候，这里有一个熟铁吹炼炉，制造熟铁坯。1708年，一个名叫阿伯拉罕·达贝的贵格会教徒及铁锅的制造商在科尔布鲁克代尔租赁了一只熔炉，次年用焦炭代替木炭作为燃料成功地把铁熔化，发明了一种焦炭炼铁术，取代了原先的木炭炼铁，当地遂成为英国工业革命发源地之一。正是这个发明使达贝家族发迹。他的孙子阿伯拉罕·达贝三世后来参与建造了这座大铁桥。

鼓风炉和铁桥一样，也是铁桥峡谷的著名文化遗产。鼓风炉是冶金设备中的竖炉。将含金属组分的炉料（矿石、烧结块或团矿）在鼓风空气或富氧空气的氛围下进行熔炼，以获得锍（有色金属冶炼过程中生产出的各种金属硫化物的互熔体）或粗金属。它具有热效率高、单位生产率大、金属回收率高、成本低、占地面积小等特点，是火法冶金的重要熔炼设备之一。铁桥的成功建造，鼓风炉发挥了不可或缺的作用。它是当时铁桥制造的必要工具。

　　铁桥的建造在当时是个极其冒险的工程，它是对构思设计那座大桥的铁器制造商的技术和勇气的一曲颂歌。

　　来自什鲁斯伯里的建筑师兼桥梁设计师托马斯·法诺·伯里卡特在1773年向他的委托人约翰·威尔金斯提出了这项工程，约翰·威尔金斯在当地和威尔士都有铁厂，他是一位铁器的推崇者，绰号叫"铁疯子"。在他的帮助下，计划得以实施。科尔布鲁克代尔铁业巨头，年轻的阿伯拉罕·达贝三世也加盟此事，其他重要的合伙人有色拉爱德华特布莱克威，还有格斯特家族中的两位。

　　经过几次失败以后，达贝的工厂于1777年开始浇铸桥的拱肋和桥面的构件。这座桥梁如木结构一样，是预制后再行装配的，用互相扣住的接头的楔子，而不是接起来的。主要的拱肋每根重达5.1吨。

铁桥峡大铁桥

1779年，在不中断河上交通的情况下，建造者花了几个月的时间把大桥竖立起来了，还需建造陆上道路和铺设桥面，大桥于1781年元旦通车。这座优美单跨桥不仅在当时引起了人们很大的兴趣，现在仍然如此，游客来观看它，画家来画它，它也成了铁器制造商与他们新技术的强有力的广告。

1795年，大桥毫无损伤地经受了塞文河上的一场可怕的洪水，除铁桥外，河上其他石桥都遭破坏。自此，科尔布鲁克代尔的工厂开始接到更多的铁桥订单。

1986年，铁桥峡谷成功收录为世界文化遗产，这是世界上第一例以工业遗产为主题的世界文化遗产。目前这里年平均接待游客30万人次。

通过对原有的工业遗产进行保护，恢复遭受破坏的生态环境和建造主题博物馆等形式，今天峡谷的自然环境已经得到全面恢复，青山绿水掩映着古老的工业遗址，对游客来讲别有一番情趣。目前整个景区占地达10平方千米，由7个工业纪念地和博物馆、285个保护性工业建筑为一体的旅游目的地构成，每年平均能吸引30万游客来此观光游览。1973年第一届国际工业纪念物大会在铁桥峡谷召开，人们永远也不会忘记正是300多年前的这里，工业革命把整个世界带入了一个新的时代。

铁桥峡博物馆由当年的一个仓库改造而成，靠河的一面还保留着通向河边的斜坡轨道。里面有当年河谷的沙盘模型，还有一部述说河谷历史的纪录片。

今天的铁桥镇一如其他英国的小城镇，安逸、宁静而且还十分干净，如果不是你特别留意，你几乎无法感受那场工业革命所留下的痕迹。其实你可以发现英国人还是很刻意在"不露痕迹"地表现的，最明显的是，这个小镇所有的马路的路沿全是铁片做的，很多指路路标是铸铁的，而且边上还特意放上一个大大的铁轮子。

风光旖旎的铁桥峡大铁桥

这座大铁桥现在作为珍贵的历史文物保存，专供游客观赏。

20

二桥平行海天尽

◇ ·················

　　七英里大桥是佛罗里达群岛由美国本土通向最南端的基韦斯特市（又译为西礁岛）的42座跨海大桥中最长的一座。大桥的一端是马拉松市的骑士岛，另一端是低群岛中的小鸭岛，全长6.79英里（约10.9千米），在当时可算是世界上最长的大桥之一。

　　建于20世纪初期的大桥本来是一座通行火车的铁路桥，这条铁路就是佛罗里达州东海岸铁路。可惜经历了1935年和1960年的两次飓风袭击，老桥已不堪重负。现在使用的是1972年至1982年间建的新桥，这是一座跨海高速公路大桥。

　　在新桥上开车驶过，旁边茫茫大海中有座写满了岁月年轮的老桥相伴，前方依旧是无尽的路面和苍茫的大海。一种逍遥的感觉油然而生，顿时体会到了孔子所说的"乘桴浮于海"的意境。现已遗弃的老桥也是一道游客必观的风景，由于其主体部分尚保存完好，很多人把它作为钓鱼的栈桥。

海天一色的七英里桥，连串成片的珊瑚小岛，浩瀚湛蓝的无际海水，随风摇曳的棕榈树，色彩缤纷的世外桃源……这就是被称为"落日的故乡"——美国最南端的基韦斯特岛。七英里桥一路蜿蜒前行，左侧是海，右侧也是海。通往的道路就好像撕开海域，蜿蜒伸向远方……

七英里大桥

如果驾车行驶在七英里桥上面，打开车窗，向两边望去，可看到星罗棋布的小岛散布在大海中间，真好像上天洒落的一串珍珠。沿途有约50个小岛组成的佛罗里达群岛，由30多座跨海大桥把它们串联在了一起，向加勒比海深处延伸。

蔚蓝的海水，白色的公路桥，再加上天空飘浮着白纱般的云，飞翔着白色的海鸟，间或眼前又会闪过一片绿色的芦苇……让人感觉心旷神怡的同时，也生出几分感叹：这个面积不足26平方千米的袖珍城市，只有一条长达260千米的世界上最长的海上公路，与美国大陆相连！

由施瓦辛格主演的好莱坞大片《真实的谎言》中的最精彩的一段就是在这座桥上拍摄的。巩俐主演的电影《迈阿密风云》里也有这个画面，让人印象深刻。

100多年前一位名叫佛莱哥的石油大亨将铁路修到这里，整个工程艰苦而浩大，并因此散尽千金而矢志不渝。20多年后一场海上飓风摧毁了他生前的杰作。这座断桥平行于公路桥的北面，犹如后代人在诉说着这个悲壮故事。

令人惊异的是这里海的颜色。路的左边是浩瀚的大西洋，右边是墨西哥湾，虽然都是连成一片的海，可是两边颜色居然完全不一样：大西洋是湛蓝色的，而墨西哥湾是蓝绿色的。

仰望大海的上空，但见不时飘着大片大片的热带积云，缠绕着、翻滚着，阳光照射在色彩斑斓的清澈水波和低浅的海床上，跳跃着耀眼的光芒。如此美景，简直让人不敢相信。

到现在，每年4月此大桥都要关闭几小时进行所谓的"募捐长跑"，来纪念此大桥的重建工程。

21　　　　　　　　　　索桥夭矫九九丈

◇ ……………………

　　索桥是我国古代人民为征服高山峡谷、急流险滩，利用本地竹木资源创建的悬空过渡桥梁形式之一，是用竹索或藤索、铁索等为骨干相拼悬吊起的大桥。索桥是世界桥梁建筑的典范，也称吊桥、绳桥、悬索桥等，古书上称为缅桥、笮桥、绳桥。

　　在我国云、贵、川的怒江、澜沧江、金沙江上游，在雅砻江、大渡河、乌江、北盘江以及秦岭山区、台湾山区，谷深水急，根本无法筑墩建桥。古代劳动人民为了沟通两岸的交通，在水流湍急的两山之间架设溜索，行人挂上铁环，以绳系住身体和随身带的东西，利用竹索的弧度飞滑下去，过半江则以手拉索前进，直达对岸。由于溜索后来不能满足来往行人的需要，又在溜索的基础上发明了以竹、藤和铁绳等做索为桥的办法发展为索桥。国外学者认为

"中国大约在3000年以前已开始建造索桥"。目前已考证出最早的索桥是四川益州（今成都）的笮桥，建于秦朝李冰任蜀守时（前251），距今已2200多年。而西方到16世纪才出现这类桥梁。

由秦堰楼俯瞰而下，横跨岷江的安澜索桥就像一条拴连内外江的粗壮绳索，透过秦堰楼的飞檐斗拱，它孤立地悬于波涛汹涌的江面上，古意盎然。安澜桥，古代又名珠浦桥、评事桥。它位于著名的都江堰口，由横跨岷江的内外两桥组成，长300多米，始建于宋代以前，历代时毁时修。安澜桥是竹索桥的代表，是我国著名的五大古桥之一。

安澜桥历来是岷江两岸的交通要道，江上早有"笮桥"，把两岸人民联系起来。桥始建于何时已查不到出处，据说在宋以前名珠浦桥。宋淳化时重修，不久改名评事桥。明末毁于战争，改为船渡。清"嘉庆八年（1803）……仿旧置建立，名安澜桥"。全桥用细竹篾编成粗5寸的竹索24根，其中10根作底索，上面横铺木板当桥面，压板索2根，还有12根分列桥的两旁，作为扶栏。绞索设备安放在桥两头石室内的木笼中，用木绞车绞紧桥的底索，用大木柱绞紧扶栏索。由于竹索太长，从两头绞紧非常困难，所以在桥梁中间的石墩上增添一套绞索设备，也置于石室木笼中。在木笼上面，修建桥亭。亭分两层，上层用木梁密排，装砌大石，以作压重；下层中空，以便行人。布置巧妙，煞费苦心。该桥为八跨连跨，稳定性较好，行走其上，摇晃不大。

安澜桥桥墩一般用圆木筑成木排斜架，每墩用大木桩5根打入河底，中用横木1根连接，并堆砌石块围绕桩架，以防冲刷。墩中间1座石墩正位于内外江口分水嘴沙滩上，系用花岗石砌成，周围打设木桩，并于上游建筑石堤数丈，巩固墩基。

安澜桥

像安澜桥一类的索桥，有大风吹过的时候，就会来回摇晃，过桥者不免胆战心惊，畏惧不前。唐代僧人智猛《筰桥赞》中说："冰崖皓然，魂栗。"较逼真地描写出一个人借筰桥渡河谷的情景。宋代爱国诗人陆游曾在当时成都府茂州一带活动，他用"度索临千仞，梯山蹑半空"的诗句勾画出索桥的雄姿，又用一首《度筰》七绝"翩翩翩翩筰受风，行人疾走缘虚空；四观目眩浪花上，小跌身裹蛟龙中"，结合包括陆游自己在内的过桥人的亲身感受，生动地描绘出过桥时的惊险画面。

宋代范成大曾数次经过此桥，还写了这样一首诗："织篁匀铺面，排绳疆架空；染人高晒帛，猎户远张罝。薄薄难承雨，翻翻不受风；何时将蜀害，东下看垂虹。"他还在《吴船录》中对珠浦桥做了详细记载："绳桥，长120丈，分为5架桥，桥之广12绳，排连之，上布竹笆，攒立大木数十，于江中辇石固其根，每数十本作一架。挂桥于半空，大风过之，掀举幡幡然，略如渔人晒网，染家晾丝帛之状。"可见，清代所重修的桥梁样式与前朝历代不尽相同。由于珠浦桥地处要冲，又与都江堰组成一体，使它声名在外，关于它的桥碑、石刻众多。

安澜桥又称夫妻桥，这与当地广为流传的民间故事有关。据说明朝末年，明末农民战争的战火从陕北迅速烧到四川，当地官府为了阻挡张献忠，拆毁了珠浦桥。由于重建索桥需要巨大的物力人力，人们只好在索桥原址搭建渡口，用木船以渡两岸交通。然而江面宽阔，恶浪滔天，船渡两岸，犹如虎口脱险，所以民谣有"走遍天下路，难过岷江渡"之说。

险象环生的船渡最终以一场惨烈的悲剧收场——清嘉庆八年五月十五日，满载行人的渡船被湍急的浊浪掀翻，导致一百余人葬身鱼腹。如此惨状没有触动官府，却让一位"素行好义"名叫何先德的私塾先生站出来。他关心民众疾苦，决心修复竹索桥。他详细观察桥头两边地势，测量江岸间的距离，察看地形，翻阅建桥史料，请教当地水、木工人，制成桥的模型，确定建桥方案，一面上报官府，一面筹捐建桥款项，亲自参与修桥。

在他的带动下，重建工程终于在次年五月动工开建了。但桥尚未完工，两个樵夫不听劝阻，顶风过桥，落水丧生。这让因建桥而丧失利益的渡口"把头"找到报复何先德的借口，他买通官府，诬以草菅人命之罪，最终使何先德含恨九泉。失去丈夫的何妻杨氏强压悲愤，继承夫志，在四方百姓辅助下，完成了索桥的修建。桥成，两岸百姓狂澜安渡，取名安澜桥。根据《新建安澜桥碑》的记述，当时的安澜桥"桥长九十四丈，高七丈，宽八尺。纬索十余系两岸，旁翼翼阑，厥功伟矣"。

人们感念何氏夫妇的善举，在民间，安澜桥更多地被称为"夫妻桥""何公何母桥"。这一传说在《安澜桥碑》（马光型书）中有反映，在民国《何先德传碑记》中做了详细的阐述。除此之外，人们还把何氏夫妇的故事编演为高腔川剧《夫妻桥》，代代传诵。十场本的《夫妻桥》，以《斩冤》一场最让人过目不忘——就在何先德就义的法场，杨氏一边擦拭悲伤的眼泪，一边拾起建桥的蓝图，这时，几句脆亮的高腔唱来，如泣如诉，扣人心弦。

过去的安澜索桥是何面貌，我们只有从一些残存的老照片里去寻找它的踪迹了。1905年，日本著名学者山川早水来到都江堰，为我们留下了关于安澜索桥的最早影像；之后，德国建筑师恩斯特·柏石曼、美国学者路得·那爱德、美国探险家 W. 盖洛以及人文摄影家庄学本、孙明经等先后来到这里，从他们在不同角度拍摄的安澜索桥来看，至少在20世纪60年代以前的安澜索桥，都还是以木桩桥墩为承托、以24根粗大竹缆横挂江面为桥梁、以上铺木板为桥面、两旁以竹索为栏的。

今日安澜桥

只是今天的安澜索桥，已非旧物。民国时期成立的安澜局负责管理索桥，每年修缮一次。新中国成立后，人民政府拨款修建索桥，改木桩为混凝土支架，换竹索为钢缆，使索桥比过去更坚实、美观、平稳和安全。1974年，修建都江堰渠首枢纽工程时，索桥被下移了百余米。新建的安澜桥桥头堡巍峨雄壮，沿堡侧上楼，可以俯瞰索桥及都江堰风光，桥中亦有凉亭可以小憩。每年来这里参观都江堰的国内外游客对安澜桥均赞叹不已。

作家巴金曾不止一次来过都江堰，也不止一次登过索桥。他在《索桥的故事》中写道："凡是到都江堰参观的人都要来看看索桥。那天我从山上二王庙下来，在索桥上来回走了两次……同来的友人刚看过山脚的一块石碑，他告诉我，这索桥又叫做'何公何母桥'……然而碑上的文字让我们看见了那一对夫妇的心。我走下索桥，满头大汗，不用说，我走得疲乏了，我的脚也开始发热。可是三百年前人们的心也给我带来温暖。"

今天，人们在安澜索桥的桥头专门塑有何氏夫妇立像。迎着每天成千上万安渡狂澜的游客的目光，何氏夫妇该是含笑九泉了。只是，成千上万的游客，是否也感受到了何氏夫妇那颗被巴金先生赞誉为"温暖"的心呢？

22　七大奇迹皆失色

◇ ⋯⋯⋯⋯⋯⋯

布鲁克林大桥位于美国纽约曼哈顿岛和布鲁克林区之间，是一座跨越东河的双层悬索桥，主跨486米，边跨286米，缆索支承长度1058米，"m"形的桥塔高达84米，桥面离水面有41米。这座大桥于1869年由德裔工程师约翰·A·罗布林设计，随后在约翰的儿子华盛顿和儿媳埃米莉的共同支持下，大桥于1883年建成通车，通车仪式当天有15万人次从桥面上走过。

布鲁克林大桥与帝国大厦和昔日的世贸中心双子塔楼，一直是纽约的标志性建筑。这座大桥曾经是世界上最长的悬索桥、第一座用空中编缆法建造的大桥，被誉为现代悬索桥的鼻祖、"世界第八奇景"、"工业革命时代七大奇迹"之一。

布鲁克林大桥

　　了解布鲁克林大桥修建历史的人们都知道，当初筹备建造布鲁克林大桥的计划曾被认为是不可思议的。人们讥讽说布鲁克林大桥要是能够落成，除非是奇迹出现。就像我国的钱塘江大桥一样，在钱塘江大桥修建前，当地流行一句歇后语叫做"钱塘江上造桥——不可能"。尽管有很多流言蜚语，但罗布林一家仍满怀希望，罗布林父子俩克服了重重困难，在构思着建桥方案的同时，也说服了银行家们投资这一项目。

　　罗布林坚持十余年不辞辛苦地努力游说，纽约政府终于同意立法兴建纽约布鲁克林大桥（New York and Brooklyn Bridge）——也就是后来的布鲁克林大桥。在建造法案通过之后，约翰·罗布林立刻开始就当地水文地质进行最后的勘察工作。可就当他在码头实地考察造桥地点的时候，一艘正在靠岸的摆渡船鬼使神差地撞上了他，压碎了他的脚趾。医生马上建议他做了截除脚趾的手术，并强烈要求他接受进一步的药物治疗，以预防当年经常发生的一系列感染并发症。不知道是因为对当时当地的医疗水平抱有很重的偏见，还是约翰·罗布林一生博学好识，因此对一个自己不甚了解的学科也充满信心，他拒绝了一切治疗措施，而是坚持每天用水冲洗自己术后的伤口——他设计的"水疗法"。很快，明显的破伤风的症状出现了，三周后，1869年7月22日，约翰·罗布林在痛苦中撒手人寰。

破伤风的历史，很可能比人类的历史还要长。这种疾病害死了不知道多少人。在医疗卫生水平还没有得到充分发展的年代，甚至给婴儿剪断脐带都有生命危险。但是直到约翰·罗布林逝世，人们都还没弄清是怎么回事。其实也就是在不久后的1884年，破伤风的病原体——破伤风梭状芽孢杆菌——就被确定了。

在1867年愚人节，纽约政府就通过了建设布鲁克林大桥的立法，但是对桥梁建设的各方面都提出了具体要求：除了塔、基、锚、缆等桥梁部件的严格标准，还对桥梁建造中的财务也有限制。除此之外，还有诸如建桥过程中不得在任何超过蓝图中桥塔的位置使用桥墩以及要求桥梁净高在涨潮时不少于40米、保障河面航运不受阻碍等等约束。

尽管老罗布林以及这座大桥的另外一位设计师维尔海姆·海登布兰德为之殚精竭虑筹划了十几年，而且罗布林父子在桥梁建造方面早已积累了大量的成功经验可以借鉴，可东河的水文地质状况对建造这座大桥所提出的苛刻要求，远非当时的传统建桥技术所能满足的。仅仅将近500米的桥梁跨度这一项，在当时就被认为根本是不可能的。

　　确切地说，东河并不是河流，是海峡。随着潮起潮落，水面宽度在不同的地方也不同。最狭窄处800米，最宽的地方则有5600米。而河床在最浅的地方有24米，最深的地方则超过28米。虽然东河不像真正的河流一样裹挟一路的泥沙汇入海洋，但是经年的潮汐，仍然让河底铺满了沉积物。河床最上面是3.6米厚的黑泥，然后是1.8米的粗砂，紧跟着又是1.8米的碎石层。在这下面的，仍然不是坚硬的岩石，而是4.5米至6米不等的流沙层，这层流沙夹杂着大量的大石块，最后才是河床的岩石底。

　　这些复杂的地质情况，让桥基点的选择变得不是那么困难了——哪儿都差不多。另外，当时曼哈顿的发展区，主要集中在半岛的南边，所有这一切让约翰·罗布林的选择变得非常少。

　　东河的宽度意味着悬索桥必须有一个前所未有的桥梁跨度，这需要两座极为强壮且高大的桥塔。而在水面之下承受这一切的桥基是建造过程中的重中之重，它必须建造在河底坚固的岩石层上，才能保证整座桥梁的承重没有问题。如何建造这样一个扎根东河岩石河床的桥基，是最重要的技术难关。可是在所通过的建桥法案中，明确指出在施工中不得妨碍东河的航运。因此别说涸泽断流，就是桥桩超过了预定的施工范围，纽约政府都会起诉罗布林。所以传统的建造方式无论如何也做不出负担这个级别的桥体重量的水下桥基。

　　接替父亲工作的华盛顿·罗布林决定采用气压沉箱法，在建造桥基的同时建造桥塔。

　　工程日复一日地进行，工人们渐渐觉得不舒服，情况变得有点不对劲。而两位工人的相继死亡，更是让人们明显感觉到了不祥之意。华盛顿·罗布林没有受到丝毫的影响，仍然坚持隔三差五下到沉箱工作间考察指导地基建设的工作。不久，华盛顿·罗布林突然瘫痪，更多的工人紧接着莫名死亡，危险的气息日渐浓厚，人们忐忑不安，工地上谣言四起，布鲁克林大桥被诅咒了！

尽管那时人们了解潜水病，但是布鲁克林大桥工地上没人想到工地遭受的诅咒，和潜水病一样来自我们不停吸入的空气。很早以前的渔民，就了解潜水的危害，看到大部分喜欢莽莽撞撞地快速上浮的潜水者，都会遭受某些特殊病痛的折磨，渔民们意识到从水下上浮的时候，要特别小心地控制速度。尽管如此，常年潜水的人还是容易觉得关节酸痛，像是生了水锈。这一系列和潜水有关的病痛，历来被统称为潜水病。

在沉箱中工作的人，就像那些深潜的渔民，所处的是一个高压环境。随着呼吸，大量的氮气就会溶进体液，而当他们通过隔离舱离开沉箱的时候，减压过程稍微快些，他们就会像快速上浮的潜水者一样，在体内形成大量的气体。

以现代医学的观点，潜水病就是"氮过量病"。在常规气压环境下，人体内部组织液中，溶解着饱和量的氮。这些气体的溶解量将随着外界的压力变化而出现波动。压力大，体液能溶解的氮就多，反之则少。当外界压力降低，溶解进体液的氮气就会被释放出来。一般来说，我们能通过呼吸，从肺部将这些多余的氮气吐出去。但是一旦外界压力降低的速度过快，一定时间内体液中的氮来不及通过肺离开身体，它们就会从体液中分离，形成气泡。这些极微小的气泡首先会出现在肌肉、关节等部位，影响局部的组织健康，产生类似关节炎或者是肌肉发炎的一系列病痛。当气泡越来越多，血液系统中就会出现大量小气泡融合成的大气泡，形成气体堵塞血管。一旦脑血管被堵塞，患者就有瘫痪甚至死亡的危险。

罗布林从造桥一开始便坚持亲临现场，身体力行，由于桥桩的施工必须在水下作业，所以长期的水下施工使得华盛顿·罗布林患上严重的潜水病。当两个桥桩都建完的时候，他的病情已相当严重，全身瘫痪，无法亲自到达工地现场。他的妻子埃米莉为了这座桥，同时也为了挽救丈夫的生命，学习了数学、力学和桥梁工程学，她每天到工地现场指挥建设。

1872年，经过两年的艰苦努力，河床地基的工作总算接近尾声。沉箱下方虽然已清理了大量的淤泥泥沙，但是还没有达到原定的岩层深度。潜水病时隐时现，不断有人死于非命。工人们意识到危险可能就潜伏在水下沉箱中。他们提出除非将工资提高到每天3美元，否则将拒绝下水工作。瘫痪在家的华盛顿·罗布林和埃米莉一同分析工程进度，认为尽管还未实现预期目标，目前所达到的河床深度已经能满足桥梁建设，于是断然拒绝了工人们的要求。

在今天看来，华盛顿·罗布林夫妇当时很可能认为桥基的确不需要进一步深入，或者在进一步深入的过程中遭遇了无法克服的困难，或者两者皆有。可是无论如何，拒绝工人们这样的要求都会让人觉得有些残忍冷酷。也许是时代的变化，让我们难以理解他的心境吧。

桥塔完成过半，桥基的"着床"过程结束了。大量的混凝土被注入沉箱。在其凝固之后，桥基算是顺利完工。其他的相关工程有条不紊地进行着。钢缆牵拽着桥面向河中心慢慢延伸。像晨雾散去一般，大桥巨人般的身影日渐清晰。华盛顿·罗布林夫妇始终坚守在工程的第一线。

在布鲁克林大桥的建设过程中，华盛顿·罗布林对建设方案做出了很多改动，希望能更好地满足两座城市间的交通要求。这不仅影响了施工进度，也不断增加着桥梁的建设成本。尽管在随后的一百多年里，城市发展带来的日益增加的交通流量，不断证明着华盛顿·罗布林所做决策的正确性，可是当时的人们却开始质疑华盛顿·罗布林做出的这些决定，进而怀疑他的能力。1882年，长年的劳作让华盛顿·罗布林的病情突然恶化，他甚至不能用望远镜看看远处桥梁的轮廓。纽约政府立刻决定更换桥梁总工程师。妻子埃米莉发动市民支持自己的丈夫，并亲自向美国土木工程师协会发表演说。在工业重大工程这个由男性主宰的领域，女性发表演说还是第一次。演说之后，董事会投票表决，7∶1的结果使华盛顿·罗布林得以继续担任总工程师的职务。

尽管华盛顿·罗布林丧失了活动和说话的能力，但他的思维还与以往一样敏锐。他下决心要把父子俩费了很多心血的大桥建成。一天，他脑中忽然一闪，想出一种用他唯一能动的一个手指和别人交流的方式。他用那根手指敲击他妻子的手臂，通过这种密码方式由妻子把他的设计意图转达给仍在建桥的工程师们。

就这样，经过整整12年的艰苦奋战，布鲁克林大桥终于落成，整个世界为之震惊！

在这个感人的故事中，与其说是顽强的意志成就了华盛顿·罗布林的辉煌，不如说是他心中的希望救活了他，使他实现了一个在许多人看来是不可能实现的梦想。在灾难和挫折面前，不是每个人都能保持理想不灭。如果大桥的设计者不是华盛顿·罗布林，如果在他的心中没有了希望，那结果还会是这样吗？我们无从想象。所以柏拉图说"人要有一种伟大的欲望，还要有能够实现这种欲望的技能和坚忍"。也正是因为这段令人感慨万分的建桥过程，使得布鲁克林大桥的身上充满着勇气、忠诚、爱和永不言放弃的象征意义，让人们总是觉得这座大桥光辉无比、华美至极。

布鲁克林大桥建成以后，立刻成为纽约湾上最"拉风"的建筑。桥面高悬水面40米、宽26米、长1825米，其全部自重及桥梁的交通承重，由总长度约2300千米、直径400毫米的钢索转移到桥塔，然后传递到大约水下20米的河床。两座花岗岩桥塔高达84米，在很长时间里都是纽约最高的地标。端庄而宏伟的哥特式穹窿减轻了桥塔的重量，散发着浓郁的中世纪气息，似乎在向世人展示其艺术、智慧与历史的根源。在其后将近20年中，这座伟大的建筑一直都是当时工程技术的集大成者，堪称展示城市活力、进取之心和未来的典范，没有桥梁可以其比肩。它不仅连接着布鲁克林和曼哈顿地区，也连接着整个纽约发展的过去和未来。就像老罗布林设计这座桥的时候所说的，这座桥将会是那个时代最伟大的工程杰作，也是一件足以代表一个民族的艺术象征。

每当落日西沉，在纽约的天际线上，自由女神像、帝国大厦和布鲁克林大桥，反射着太阳的光芒，骄傲地向世人展示这个城市的伟大成就。

落日的余晖从自由女神像和曼哈顿的钢筋混凝土塔林之间穿过，让布鲁克林大桥和它所属的那个时代一起熠熠生辉。这座雄伟桥梁100多年前的故事，让人凭栏三叹。它彰显了当时人们的坚韧和智慧，而那个时代的残酷和不公正，却渐渐无处可寻。也许日落之后黑暗的布鲁克林大桥上，那些海外孤魂的声音可作见证。

每年7月4日美国独立纪念日，人们都会在布鲁克林大桥上放烟花庆祝这一节日，这使本来夜景就美轮美奂的布鲁克林大桥，更加绚丽无比。

在日落时分，沿着布鲁克林大桥的木道漫步，观赏曼哈顿的高层建筑及美丽的街景，是一件非常惬意的事情。但纽约史上两次运输工人罢工期间，人们每天为了上、下班，不得不行走在这座桥上，好像并不是那么美好。据说20世纪80年代那次罢工中，时任市长科奇听说大家在桥上步行且挤成一团后，就赶过来给大家打气、当"啦啦"队长；而2005年的这次罢工，时任市长迈克尔·布隆伯格虽然也步行过桥走秀，但内心却充满了愤怒，过桥期间不断地向媒体表示他的强硬态度。布隆伯格为了给遭受"9·11"重创的纽约市筹集建设资金，初任市长之际，还曾提出出售布鲁克林大桥等几座名桥的想法。

正因为布鲁克林大桥太有名气和地位了，它也成为恐怖组织袭击的目标。"9·11"事件之后，2003年曾报道过一次袭击未遂事件。说是一名曾与本·拉登见过面的美国卡车司机承认，他曾想用气割枪割断布鲁克林大桥的悬索，但由于大桥很牢固，加上安全保卫措施相当严格，令他感觉成功的机会不大，最后只好放弃了。接着，布鲁克林大桥又因为另一个卡车司机而虚惊一场，关闭交通两小时。那个司机因为卡车在过桥时出现了故障，就熄火离桥去搬救兵了，可是这被"遗弃"在桥上的装满货物的卡车令警方无比紧张，马上双向关闭大桥，直到司机回来后解释清楚，大桥才重新开放交通。

对恐怖袭击的担心是近几年的事儿。在这之前，美国担心的是核战争。在美国与苏联冷战的岁月里，美国在布鲁克林大桥秘密储存了大量的战备物资。2006年大桥的一个巡视员无意中发现大桥下有一个已经落满灰尘的储藏室，里面储存了大量蒸馏水、毯子、药品以及大约35万箱饼干，标志日期分别是20世纪50年代末、60年代初，时间正好是苏联发射第一颗人造卫星和古巴导弹危机之时，当时核战可谓是一触即发。令人吃惊的是，这位巡视员并不是第一位发现布鲁克林大桥秘密的人。因为有迹象表明，1994年前许多流浪汉曾经在这个秘密的储藏室生活过。

布鲁克林大桥还吸引了从小在布鲁克林长大的美国著名魔术师大卫·布莱恩。33岁的布莱恩在结束了8天7夜地狱般的玻璃球鱼缸生活仅6周后，便开始准备另一项石破天惊的特技表演——将自己悬吊在布鲁克林大桥的钢索上7天7夜。布莱恩说："挑战布鲁克林大桥，是我一生的梦想。"他只凭借双臂，在空中完成了一系列高难度惊险动作。

布鲁克林大桥上

事实上，布鲁克林大桥还吸引了很多画家、诗人和影视界人士等。大桥富丽典雅的外观、雄劲的高塔和致密有序的拉索都是画家们竞相描绘的对象；美国近代诗人哈特·克雷恩曾专门为它写过一首长诗《桥》，著名桥梁建筑师戴维·斯坦曼也曾写过一首关于布鲁克林大桥的诗，诗中说"背靠幽光闪烁的城市楼阁，俯瞰中流击水的过往船舶，美丽的大桥傲然而立，艺术的梦想圆满寄托"；很多影视剧作品中都有布鲁克林大桥的镜头，如《闻香识女人》《美国往事》《库斯拉》《缘分的天空》和《生死停留》等。

　　布鲁克林大桥的建成，不仅是技术的胜利，更是生命的胜利。老罗布林有小罗布林这样的儿子，小罗布林有埃米莉这样的妻子，真是夫复何求！他们一家三口用生命合写的这曲父死子承、夫病妻继的建桥之歌，值得后来者永远铭记和吟唱。清华大学董关鹏教授在港珠澳大桥的"大桥讲堂"上曾经说过，伟大的工程有五种产品，分别是技术、建筑、企业（品牌）、人和传奇。是的，布鲁克林大桥就是这样的传奇，由建桥人所创造的传奇。

23　伦敦皇冠谓塔桥

◇ ⋯⋯⋯⋯

　　泰晤士河是一条被丘吉尔称作"穿过英国的历史"的河流。透过历史的迷雾，这条河流依旧平静如初，日夜不息地流淌过英格兰的大地。泰晤士河上的伦敦塔桥，在暮色下雄姿依旧、气势恢宏，一派壮观的景象。

　　耸立在泰晤士河口的伦敦塔桥始建于1886年，是泰晤士河口的第一座桥，也是伦敦的象征，有"伦敦正门"之称。塔桥将伦敦南北区连接成整体。

　　伦敦塔桥是一座吊桥，其实最初为一木桥，后改为石桥，现在是拥有6条车道的水泥结构桥。河中的两座桥基高7.6米，相距76米，桥基上建有两座高耸的方形主塔，为花岗岩和钢铁结构的方形五层塔，高43.455米，两座主塔上建有白色大理石屋顶和五个小尖塔，远看仿佛两顶王冠。两塔之间的跨度为60多米，塔基和两岸用钢缆吊桥相连。桥身分为上、下两层，上层（桥面高于高潮水位约42米）为宽阔的悬空人行道，两侧装有玻璃窗，行人从桥上通过，可以饱览泰晤士河两岸的美丽风光；下层可供车辆通行。当泰晤士河上有万吨船只通过时，主塔内机器启动，桥身慢慢分开，向上折起，船只过后，桥身慢慢落下，恢复车辆通行。两块活动桥面，各自重达1000吨。从远处观望塔桥，双塔高耸，极为壮丽。与奢华的外貌相比较，伦敦塔桥的内部结构不愧为实用主义的典范。桥塔内设楼梯上下，还设有博物馆、展览厅、商店、酒吧等。

伦敦塔桥

　　建造伦敦塔桥的过程非常曲折，起初伦敦桥是横跨在泰晤士河上唯一的一座桥。随着伦敦城的发展，许多桥又相继建成，但都建在了伦敦桥的西侧。19世纪伦敦桥东部地区成为繁忙的港口，人口稠密、交通繁忙，行人和车辆常需经历数小时的拥堵，这种现象使得伦敦东部地区迫切需要建造一座桥。

最终在1876年，伦敦的一家负责泰晤士河区域的公司认为解决这个问题刻不容缓。这家公司面临的最大问题是如何建造这样一座桥，这座桥不能中断从伦敦桥顺流而下的水上交通。为了集思广益得到尽可能多的意见，公司成立了特殊桥梁建设委员会，公开竞招设计方案。有50多个设计方案供参考选择。如果你参观伦敦塔桥的展览，仍能看到一些原来的设计方案。直到1884年，城市建筑师霍拉斯·琼斯与约翰·乌尔夫·巴里合作完成的方案成功入选，才解决了设计的问题。

5位主要承包商雇用432名建筑工人经过8年的艰苦奋战完成了此项工程。两个巨大的桥墩深深地扎根在河床上，用来支撑超过11吨重的塔桥的钢结构。然后又用康沃尔郡的花岗岩和波特兰石护卫桥墩，使桥墩既坚固又美观。

当时塔桥是最大的也是最复杂的活动桥梁。它是用蒸汽做动力推动巨大的水压机工作的，能量来源于6个巨大的储水器。随时可以提供能量供塔桥开启，储水器给水压机充水使得桥臂开合。尽管设备如此复杂，桥臂却能在一分钟内开启到86度的最大程度。迄今为止，塔桥仍可用水压做动力。但1976年后，用油料和电力更多。最早的水压机、储水器、蒸汽锅炉仍作为塔桥参观的一部分内容。如果你去塔桥内部参观，还能看到现代的机器控制房。

可以说，这是一座现代钢结构的悬索开启桥，配有蒸汽驱动的提升装置，并采用双向高架人行通道。值得称道的是，琼斯用仿中世纪的花岗岩覆盖了巴里设计的机械装置，这层石头外衣，轻而易举就把人们带入对古代堡垒的回忆中。

塔桥富有让参观的人着迷探究的历史。下面是一些鲜为人知的事件：

1910年，高层人行道由于乏人使用而关闭。

1912年，弗兰克·迈克林在一次紧急情况下，为避免事故发生，驾驶他的双翼飞机在高层人行道和活动桥臂之间成功穿越。

1952年，一辆伦敦公共汽车在塔桥开启的过程中飞跃过桥。

1977年，为庆祝女王银色周年，塔桥被粉刷为红、白、蓝色。

1982年，塔桥自1910年以来作为永久展览的形式第一次向公众开放，顶部人行道第一次整理为展览厅。

1988年，塔桥被列入世界文化遗产名录。

1993年，塔桥世纪展，展现了塔桥历经的生动故事。

1994年，塔桥可以出租召开聚会和招待会。

2002年，举办现代塔桥展，人们可以重新审视塔桥宏伟的景观。

2003年，庆祝塔桥展诞辰21周年。

塔桥建成之初，人们都把登临塔桥观赏奇风异景引为乐事。但是，由于从桥塔拾级而上既困难又危险，甘愿冒险爬到正桥人行道上去观光的人不多，时间一长，桥上的人行道便慢慢地成了乞丐的栖身之处。鉴于这种情况，当局于1910年关闭了正桥人行道。

1981—1982年，伦敦集资500万英镑重修了这座著名塔桥，并用现代材料和设备装修了这座古代名桥。为减轻桥的自身重量，采用玻璃纤维装饰板取代了原来的铸铁装饰板，大桥的部分石料也改换成塑料制品。原先驱动大桥的活动桁架开合的动力是蒸汽，现在则改为电力。此外，塔桥还装设了电梯，游人瞬息之间便可抵达桥面。塔桥重修后，既保留了古朴雄伟的风格，又大大提高了承载能力，现在每天通过这座桥的机动车辆达17000辆。它的下层两段各长30.4米的桥面活动桁架平均每周开启5次，以便大型船只通过。

伦敦塔桥

　　伦敦塔桥已列为伦敦的重点文物，是伦敦最著名的景点之一。这座桥凌空横架于泰晤士河上，是游客们必去之地。远望伦敦塔桥，双塔高耸，极为壮丽。如若遇上薄雾锁桥，双塔若隐若现，景观令人叫绝。雾锁塔桥是伦敦胜景之一。而从桥上或河畔，可以望见停在不远处河上的英国军舰"贝尔法斯特号"，这是第二次世界大战中英国保留最完整的军舰。

　　对于游人来说，细细品味伦敦塔桥也是一种乐趣。极为繁琐的桥头堡雕饰闻名于世，它代表了17世纪兴起的奢靡浮华的巴洛克风格。在塔桥上步行浏览是免费的，参观者可从北边塔桥乘电梯上去，观看大桥的结构工程，然后从高空通道走过泰晤士河。桥塔内有博物馆、展览厅介绍该桥的历史及工作情况，还有商店、酒吧等供游人购物、休闲。

24　长虹远引接栈桥

◇ ················

　　栈桥是青岛最早的码头，现宽8米，全长440米，俗称前海栈桥、南海栈桥、大码头。栈桥位于青岛市市南区海滨，青岛湾北侧，与小青岛隔水相望，北端与中山路成一直线相连，被视为青岛市重要标志，素有"长虹远引"之美誉。

　　栈桥划波斩浪，像一条长龙横卧于大海的怀抱；桥南端筑半圆形防波堤，堤内是一座具有民族风格的两层八角亭，金瓦朱壁，盔顶飞檐，题名"回澜阁"。伫立阁旁，层层巨浪澎湃涌来，拍打堤坝，击起万千碎玉；进入阁内，沿螺旋楼梯登到楼上，四周尽是宽敞的大窗，放眼望去，又是另一番怡人风景，"飞阁回澜"因此被誉为"青岛十景"之一。

　　在青岛，没有一座建筑的命运能像栈桥这样，与青岛如此息息相关。栈桥的命运，要从1891年6月的那道清廷谕旨说起：登州镇总兵衙门由登州移至青岛口！

栈桥

　　清光绪十七年（1891）的某一天，直隶总督兼北洋大臣李鸿章和山东巡抚张曜到胶州湾视察，视察结果是确认在此地有设防的必要，在同年的七月调山东登州镇总兵章高元率兵四营移住胶澳，建总兵衙门于青岛村旁（今青岛人民会堂处）。当年，登州镇总兵章高元就在青岛口建立了总兵衙门，先后派了四营军队移驻青岛一带。但到这里一看，发现这里没有港口，连部队军需物资都很难运送，所以他上任的第一件事便是修建码头。根据《青岛胜迹集萃》记载："之后，章高元调用旅顺船厂的钢材，在前海搭起了一座铁木结构、以木铺面的栈桥，长约200米，专供海军装卸军用物资之用。"

　　根据这份历史材料记载，很清楚就能确认，栈桥是章高元建的！但青岛著名文史专家王铎还提到一个人：龚照玙，时任北洋沿海水陆营务处会办，他跟章高元一起，共同负责修建码头。1892年开工，大家齐心协力，仅用一年时间码头就竣工了，大家给它起了个名字叫"铁码头"，这便是栈桥的雏形。之所以叫这个名字，是因为这124米孔桥的钢梁，就是李鸿章调用旅顺船厂数十吨钢材制成的。

除了"铁码头"这个称谓，它还有其他几个名字，因军需所用被称为"海军栈桥"，因所处位置被称作"南海栈桥"或"前海栈桥"，而之后为了与别的码头区别，又给它起了个名字叫"大码头"。众多称谓中最特殊的要属"李鸿章栈桥"，因为青岛建制是李鸿章建议的。这件事在民间被进一步演绎，说当年钦差大臣李鸿章到青岛视察时，因他的级别太高，按理应该乘坐一艘大型官船才可以，但当时青岛只是个小渔村，根本没有停靠大船的地方，无奈之下，只能临时建个港口，这就是栈桥的雏形，所以被称为"李鸿章栈桥"。所以要问，栈桥究竟是谁建的，清廷的这三个男人都有功劳。

与这个码头同时建立的还有一座码头，长100米，宽6米，位于总兵衙门前方，称"衙门桥""蜗牛桥"或"后海栈桥"。不过蜗牛桥后来没有了，只剩下栈桥屹立在海岸边。

栈桥的建立为清廷驻防提供了便利，成为当时唯一的一条海上"军火供给线"，但这样也让侵略者虎视眈眈。王铎说："谁控制了栈桥，谁就扼住了胶州湾的咽喉，拥有了对青岛的霸主地位。"在栈桥运行短短四年后，德国侵略军率先将远东舰队从上海开到青岛，以假作军事演习的卑鄙伎俩，堂而皇之地登上栈桥，1897年与清政府签订《胶澳租借条约》，成为这座城市的主宰。这是栈桥第一次受辱，它不知道，之后它还要多次承受这种折磨。

德国侵占青岛后，因其军事上的需要，在桥的南端又接上了一段，铺上轻便铁轨，使栈桥由过去的200米延长到350多米。1898年，德国侵占胶澳后，于1904年在此岛上建起八角形灯塔，以此来指引海上往来的船舶。栈桥以东、太平路北沿，有一座栈桥宾馆，原是德国青岛大饭店附属的旅馆部，由德国建筑师保尔·弗里德里希设计，为典型的德国古典式建筑，而原德国大饭店的主要建筑于1993年拆毁，在原址上盖起了泛海名人大酒店。德国强占青岛期间，德国皇帝威廉二世的弟弟海因里希亲王多次来到青岛，并曾下榻于这座饭店，因而当时俗称"亨利亲王大饭店"或"亨利王饭店"，当时的德国墨克连堡亲王、清朝邮部大臣盛宜怀也曾在此住过。1922年8月，孙中山到北京与袁世凯会晤，在返回上海的途中，于9月28日曾下榻此饭店。

德国人的殖民梦还没做完，第一次世界大战爆发，日本人便取代了他们的位置，占领青岛。日本侵略者虽然从崂山仰口登陆，但仍然跑到栈桥举行了阅兵式，似乎是在炫耀，占领了栈桥才是真正占领了青岛！

人们常说，栈桥就是青岛的象征！不仅因为它曾经见证青岛建制，更重要的是它跟这座城市荣辱与共。德国人走了日本人来了、日本人走了国民党来了、国民党走了日本人又来了……每一次重要的历史节点，这些人都要在栈桥上宣誓一番。栈桥的痛，还不止这些。1939年8月30日，栈桥经历了它有史以来第一次冲击，台风登陆，巨浪将它打断，近海有86艘船沉没。它麻木地让侵略者为它修复、又麻木地看着日本人离去，美国人踩了上来。它就这样和青岛一起，静默无语，宠辱不惊，只是在殖民者统治的日子里，人们不再登上栈桥，只能远远看着它。

回忆栈桥的历史就像描述青岛的曾经，只言片语无法将它百年的思绪表达出来。年过五十的青岛人战德波是一名专业摄影师，曾经在向阳照相馆工作，30年前栈桥附近并没有专门拍照的，包括向阳照相馆在内的四家照相馆各自派出了四位摄影师，专门在这里服务。所以他看着栈桥的变化，自认为对栈桥非常了解，但他一直有个小小的疑惑：栈桥究竟有多长？

长400米、宽8米。这个答案也是目前最官方的说法了，旅游团的导游介绍时说的也是这个数字。有些喜欢刨根问底的人在研究栈桥长度时发现了一件有意思的事，1933年的档案记载，栈桥长度为440米、1947年为425.317米、1999年2月为394.38米。档案记载怎么会越来越短？为了弄清楚真相，当地规划局、文物局的人拿着尺子去栈桥亲自测量，结果是394.38米。至于出现不同的结果，专家分析，应该是测量的起始点不一样以及测量仪器不科学造成的。

在1999年的那次修复工作中，有专家发现了一个新现象：整个石堤略向东移动了0.46米，由于反作用力，栈桥上回澜阁中心柱也稍向西倾斜了0.2米。石堤的移位对于研究青岛地区的地壳运动和黄海地震带都具有极为重要的意义。

在风浪中屹立了一个多世纪的栈桥，虽然几次修复，它的根基却一直稳稳地扎在海水中，可见栈桥的科技含量之高！这源于100多年前清代建筑师们的卓越远见，他们除了给栈桥坚硬的石堤结构外，还将它与青岛湾礁石地貌进行了有机结合，这是十分重要的。到了20世纪30年代，政府又出资增建了花岗岩箭镞式分浪结构，桥墩全部改用钢筋混凝土浇灌，用水泥铺面。为了使重修过的栈桥美观耐用，还对深入海中部分钢架进行了更新，桥面西侧华灯林立。为了防止游人掉入海中，在桥面两侧安装了铁栏和铁链防护，南端筑有半圆形防波堤。这些措施进一步增加了桥的稳定性和观赏性。

　　1984年、1998年，在保持栈桥原有风貌的基础上，青岛市政府对栈桥进行了两次全面整修。如今，整修后由花岗岩砌造的桥体更加结实耐用，桥面宽敞，12对桥灯亭亭而立，整个桥体面貌一新。新修建的栈桥，在靠近海堤岸部分将过去的斜桩木面改成了石砌水泥面。为了防止石砌防波堤因长期在海浪的冲击下发生损坏，重新修建的石砌引面，中间一改过去添加石料的支撑石墙做法，改用抽沙添空的办法。据推测，这样的添空法不仅能使桥空槽中受力均衡，也可使桥墩受到地壳运动的变化而使沙子流向受力重的地方，从而增加桥面的受力强度。

　　栈桥几经维修，如今栈桥北沿岸已成为栈桥公园。栈桥公园堤岸景色也是美丽异常，青松碧草，画廊石椅，无不与栈桥相映生辉。栈桥已经被青岛市民评为"青岛市十大滨海旅游风景第一景"。如今的栈桥，以每天接待10万人次的人流量成为青岛当之无愧的标志性建筑，每天有大量游客在这里拍照游览。百年的荣辱沧桑并没有让栈桥失去它的美丽，真正回到祖国怀抱后，这里成为青岛人最喜欢来的地方。

游人如织的栈桥

　　在20世纪30年代，栈桥还是年轻人最浪漫的约会地方，每次约会都去那里。约会的两个人提前约定好，几点钟在第几个灯下等对方。久而久之，这里也就成了人们幸福的见证，老青岛人结婚当天都要到栈桥来转转走走，有一种特殊的情缘在里面。曾经有一部电影《海魂》便是在这里拍摄的，讲述了一位酒家侍女与海军的浪漫爱情故事。

　　一首《海滨景歌》这样唱道："海天万顷清光煦，沙堤千尺沿低树。斯须轩足登栈桥，直到沧波渐深处……东邻女子姗姗来，蓬松双鬓高层雾。西方美人冉冉至，绰约纤腰细尺素……"劳乃宣1915年写下了这首诗时，栈桥就已经是青岛的一大景观了。

　　游人漫步于栈桥海滨，静观浪潮起伏，可见青岛外形如弯月，栈桥似长虹卧波，回澜阁若影若现。远处，小青岛上树影婆娑、绿荫如织。湾东侧和北侧，红瓦绿树交相辉映，各式建筑参差错落地分布在海岬坡地之上。湾西侧的现代化高层建筑紧靠海岸拔地而起，壮丽恢宏。沿岸的防波堤由花岗岩垒砌，高出水面10余米。秋天涨潮时，尤以西部岸堤景色最佳，海浪拍岸，激起数十米巨浪，轰然作响，蔚为壮观，退潮后，海水后退一百米，礁岩沙滩上满是赶海挖蛤蜊的游人。近年来，青岛开展了"挽留海鸥"活动，每到秋冬风平浪静时，成千上万只海鸥在湾内低飞回翔，与蔚蓝的天、远处的回澜阁、近处观景赏海的人们构成一幅和谐画卷。

　　如果不到栈桥你就永远无法洞悉青岛，栈桥之于青岛就像埃菲尔铁塔之于巴黎，既被现实的阳光抚摸着又被历史的枝叶覆盖着，城市的性格、气质、喜悦和忧伤都烙在这个建筑的皮肤上了。

25 侗族风雨满三江

◇ ⋯⋯⋯⋯⋯⋯

　　侗族依山而居，傍水而住，这里河流多，河网密布，有的绕村寨而流，有的穿村寨而过。侗族人民认为这些江河小溪既有灌溉农田之利，又有冲走财富之害，他们得用其利而又避其害，不需要的水让它流走，需要的财富让它留住。在江河或溪流或田间地角上架桥，不仅便于人们的交通往来，也是人们心灵交往的象征。这些桥各式各样，有风雨桥、木板桥、石板桥、石拱桥、石墩桥、独木桥、浮桥等，而以风雨桥的建筑工艺最为复杂，是侗族建筑中与鼓楼一样的最具代表性的民族建筑，是侗族建筑艺术的结晶。

　　风雨桥，顾名思义，就是能够遮挡风雨的桥。风雨桥往往蜿蜒曲折地横亘于村头至寨尾，犹如盘龙缠绕，构成了一个封闭的不易"流走"财富的人居环境。由此，人们会尽力地呵护它，从而创造出了风雨桥这一独具特色的建筑艺术并形成了独特的桥文化。

程阳风雨桥

　　风雨桥也称"花桥"，是侗乡的特色标志，在侗乡，"有寨必有鼓楼，有河必有风雨桥"，全木结构的风雨桥集桥、廊、亭三者于一体，是侗族人民的智慧结晶。程阳风雨桥堪称侗族民间建筑的杰出代表，它全长64.4米，五墩四孔，墩台上建有五座塔式桥亭和19间桥廊，瓦瓴五座。五个桥亭最有特色，中亭似宝塔，巍峨雄伟，侧面亭似宫阙，富丽端庄。亭廊相连，浑然一体，宛如水上一座长廊式楼阁，雄伟壮观，飘逸俊秀。全桥为吊脚悬柱，不用一根铁钉，均为榫接，穿方衔接，横直斜套，联成一个坚固的整体。程阳桥以其精湛的建筑技艺和雄伟英姿闻名于世，与我国赵州桥、泸定桥及罗马尼亚诺娃沃钢梁桥并称世界四大名桥。

1982年，一场百年不遇的洪水将程阳风雨桥冲毁大半，广西有关领导指示尽快重修这一全国重点文物保护单位。很快，一支由建桥专家、高级技工组成的工程队来到程阳。工程队兵分两路，一路进山伐木备料，一路将余下的廊桥逐个部件标记后拆除，以备重建。但很快，两路队伍都遇到了麻烦，备料的找不到树材，一天伐不了几棵树；拆桥的作了标记，费了九牛二虎之力却再也拼不起来。万般无奈之际，他们慕名找到杨似玉和他父亲。父子俩二话不说，率队进山，只用十天就把建桥用料备齐，成百上千的梁、枋、柱的尺寸全凭心算，回来剥皮修整，一根不多、一根不少，根根长短粗细合适。那些拆下的老料，爷俩根本不用看标记，指挥建筑工人这根放这儿，那根安那儿。很快，程阳风雨桥就恢复了昔日雄姿，而此时，那些现场专家的重建图纸还没完全画好呢。

专家极为叹服。杨似玉从此声名大震，被广西壮族自治区博物馆聘为高级技工，除了全面负责博物馆日常木工维修，还领头在区博物馆文物苑建了一座标志性建筑风雨桥。这一干就是18年。

1999年6月23日，在深圳罗湖口岸，来自全国各省市自治区的31件（套）迎接香港回归的贺礼在此举行交接仪式。代表广西壮族自治区4600万人民心意的侗族风雨桥模型"连心桥"，吸引了众多媒体的镜头。

杨似玉接到制作风雨桥模型任务时，离交工只有短短的20多天时间，要把图纸上的图案变成栩栩如生的成品，难度之大，超出常人想象。别看模型小，但建造难度不比建一座真桥小多少。全桥的构件共有9800多件，最长的构件长2.5米，最短的3.4毫米，直径最大的2厘米，最小的1.2毫米，最厚的2.4厘米，最薄的1毫米，那些小如米粒的瓦片就多达十万多片，全要用手工一刀一刀刻出来。做工精细复杂，不但要艺精，还须心细。工作难度最大的是榫接组装，每当深夜睡意袭来，最容易出错。杨似玉全家14口人都扑在这一工程上，不分昼夜连轴转，终于按时、高质量地完成了这一世纪工程。

这个长2.5米、高2米的风雨桥模型，连同底座重约2吨。桥分三层，底层为木墩，中层为桥身，上层为五个桥亭，中亭巍峨，侧亭端庄。整桥木结构，均为榫接，底座雕有九条竞渡龙舟和九只壮族绣球，极富民族特色。

杨家建桥建楼出了名，主动找上门来的风雨桥、鼓楼工程让杨似玉应接不暇，全国各地的民俗旅游景点也纷纷慕名找上门来请他前去监工。三江县城最宏伟的标志性建筑20层的"三江鼓楼"，各村寨的风雨桥和鼓楼，大都是杨似玉的作品。他喜欢干这样的工程，他说，侗族这样好的建筑，应该让更多的人看到。

侗族在建造风雨桥时，哪怕是最不讲究的、最简陋的风雨桥，绝大多数都要把它弄成多重檐或至少有两层檐的骨架复杂的廊桥，即便是很短小的桥也会如此，人们甚至在桥的廊顶上修出数个多层檐的亭阁宝顶。这种桥看起来就像是带了鼓楼的长廊，许多侗寨就是把鼓楼和风雨桥修在一起的。同鼓楼一样，风雨桥上最显著的装饰物就是龙，人们还喜欢在风雨桥上大事彩绘以作文身。这些繁复的形式上有着一定的深意存在。联系到侗族与越人龙文化的诸多渊源，可以理解侗族如此热衷于将一座桥搞成令人眼花缭乱的样子，目的就是要呼唤出深藏在心灵中和文化中的龙的意象。

　　风雨桥优美坚固，既可供人行走，又可挡风避雨，还能供人休息、迎宾送客，它遍布侗族村寨。因这种桥的上方亭廊相连，瓦檐重叠，可供行人避风雨，所以，一些专家学者将其称为风雨桥。但也有人称之为福桥，理由是此桥除了便于人们的交通往来、躲风避雨、歇息乘凉之外，还可"堵风水、拦村寨"，以"消除地势之敝，补裨风水之益"，使村寨免灾却难，村民安居幸福。有的人甚至根据这种情况直接称之为"风水桥"。风雨桥上设置有栏杆坐凳，可供人们歇息乘凉，因此有人称之为"凉桥"。又因这种桥的桥身油漆彩绘，雕梁画栋，亭阁隽雅，所以有人称之为"花桥"。还有人受汉族语言文化的影响，特别是受汉族风水观或者是佛教文化的影响，就将一些风雨桥称为"回龙桥""合龙桥""普济桥"。

　　从外表来看，风雨桥由上、中、下三部分组成。下部一般是用大青石围砌、以料石填心、呈六面柱体的桥墩，无论上下游均为锐角，以减小洪水的冲击。中部为桥面，采用密布式悬臂托架简支梁体系，全为木质结构。桥梁跨度为10米左右，主要是根据木材的长度设计。上部为桥面廊亭，采用卯榫结合的梁柱体系联成整体。廊亭木柱间设有坐凳栏杆，梁柱上、梁枋上绘有各种彩色图案。栏杆外挑出一层风雨檐，它既增强了桥的整体美感，又保护了桥面和托架不受风雨的吹刮。桥架安放在桥墩上面，桥墩与桥台之间没有铆固措施，只凭桥台和桥墩起着架空的承台作用。桥面上方建有廊亭、塔楼，有的风雨桥在桥的两头和中间各建一个，这是比较多的一种类型，有的根据桥的长度建有多个廊亭、塔楼。塔楼下方为正方形，上方为四边形或六边形密檐式攒尖顶，形制与侗族鼓楼一样，建筑工艺与侗族鼓楼相同。

对于侗族风雨桥的分类也是多种多样的，有从功用上来划分的，有从建筑的地点来划分的。从建筑的地点来划分的，侗族风雨桥有建在村头的，有建在寨尾的，它有通行的作用，有风水的理念，也有构成村寨风光的作用，还有供人们夏天纳凉的作用；有建在江河上的，有建在田边地角的，主要是用来通行和下地干活时歇凉、避雨之用。

第一种类型是纯粹为了"堵风水"，一般建在离村寨较远的河上，人们很少通行。湖南省通道侗族自治县高铺村风雨桥、寨头乡寨母寨的风雨桥都属这种情况。平时人们多走寨前的木板桥或蹚水过河，只是到涨大水时才从风雨桥上过河。

第二种类型是以"堵风水"为主，以便于通行为辅。湖南省通道侗族自治县坪坦乡高团的风雨桥就建在村头，过桥要绕过一片稻田。为了便于人们行走，于是村民们又在村前架一简易木板桥，如果不是涨大水，人们是不会绕道从风雨桥上通过的。

第三种类型是既"堵风水"，又便于通行的风雨桥。这种类型的风雨桥多建在村前或村尾，是人们进出村寨时的必经之道。湖南省通道侗族自治县黄土乡的风雨桥就建在黄土四寨的村尾，人们要过河到对面种田必须经过此桥。

第四种类型是既"堵风水"，又供人畜通行。通行时是将人畜分道而行，即人走上边，牛马走下边，类似于现代都市中的立交桥。比如广西三江县的巴团风雨桥有两台一墩，为两孔三亭，结构与程阳桥相似，不同之处是在人走的长廊下边另设畜行道，成为双层风雨桥，两层高差1.5米。这既便于人畜行走，又利于延长风雨桥的使用时间。

从建筑的结构式样来划分，侗族风雨桥的类型有在石拱桥上建风雨桥和在桥上建楼等类型。石拱桥上建风雨桥，建有像房子结构的桥身和鼓楼一样的顶部结构，人从上层的木桥上通过，牛马等牲畜则从下层的石桥上过往，形成当今的立交桥状。这种风雨桥的类型从外表上看是一个石桥、木桥、房子和鼓楼的结合体。桥上建楼类型的风雨桥，有建一个楼的，有建两个楼的，或者是建更多的楼的，这要由河流的宽度和当地的经济实力来决定。这种楼多是侗族地区特有的鼓楼形式，所以，有人又将这种风雨桥叫做"花桥鼓楼"。

侗族风雨桥的修建有它的使用价值，有它心灵的寄托，正是以上的原因，才有了人们积极建桥的举动。建筑风雨桥的材料多是由村里人自动捐助的，有捐木料的，有捐石头的，有捐瓦片的。有钱出钱，有力出力，而且是不分男女老少。(民国)《三江县志》的记载可见一斑："殷实者捐银至二三百元或百元不等，少亦数十元。供材不分贫富，服工不计日月，男女老少，惟力是尽。"

在建造风雨桥时，首先是要挖基脚，在开挖之前要烧香举行开挖仪式，之后才能下石料堆砌桥墩。桥墩砌好后在其上架设圆木，其上盖以枋子形成桥面，再在桥面建造廊亭。风雨桥建成之后要进行"踩桥"活动，以示庆祝。村寨里的人带上一只鸡或鸭和几包糯米饭以及一些纸钱、香等去风雨桥上祭拜，请求桥神保佑。

风雨桥的装饰一是指风雨桥本身的装饰，二是指风雨桥对环境所起到的装饰作用。风雨桥本身的装饰有在桥的两头或中间设有神龛供人们烧香敬神，这些神龛有侗族特有的祖母神——萨，也有汉族的神，还有佛教、道教和地方宗教的神等。有在风雨桥的梁枋上绘画人物、动物等。这些人物有侗族历史上传说的英雄人物、机智人物，还有人们唱歌跳舞的场面等；动物主要是侗族地区用来犁田的耕牛等。广西三江程阳桥桥墩上铸有太上老君像，桥上供有菩萨。风雨桥上多设有关公庙。关公是义勇的化身，把关公立为神，使之镇守风雨桥。湖南省通道侗族自治县黄土寨下方的风雨桥的桥头设有菩萨，桥中有供关公的神龛。

风雨桥两边设有栏杆，它有两种功用：一是风雨桥的结构所必需；二是在风水理念上让水流走，让财富留下。这种理念在有的风雨桥的栏杆上则表现得更为形象和具体，即桥的上方为栏杆，下方则是用木板封实。湖南省通道侗族自治县的坪坦河域就有两座桥还保留着这一样式。风雨桥对环境的装饰，湖南省通道侗族自治县坪坦乡平日村的风雨桥最具典型性，其桥身每间参差一分，形成一度弧形状，使全桥向寨中环成20度弧的蛾眉月形状。因此，有研究者这样描述："桥如长龙，翼立水上；水至回环，护卫村寨。"看来这一描述是恰当且符合实际的。

侗族风雨桥朴实自然的造型和简练的装饰，不失典雅清新，是建筑艺术中实用与美结合相当成功的典范。风雨桥的美体现在造型上、意境上和内涵上：协调是风雨桥造型普遍遵循的法则，与山水之间的相互掩映并融合其中是侗族风雨桥和谐意境的追求，侗族朴实淳厚的民风也能在风雨桥建筑中得到体现。对侗族风雨桥建筑艺术的深入研究有助于丰富侗族文化研究，加深了解侗族建筑文化，增强风雨桥建筑的建造者和使用者对侗族文化的自信和民族自豪感。

正是以上的原因，才有了人们积极建桥的举动，才使侗族的风雨桥及其文化经久不衰，成为人类宝贵的文化遗产。

除了侗族，苗族等少数民族也有建造风雨桥的习俗。

贵州省黔东南州雷山县民间著名建筑师李玉平，把苗族的吊脚楼房的建筑和亭台楼阁的建筑设计艺术与风雨桥的建筑融为一体，不管桥的跨度多长，都不用一钉一铆，全是木料凿榫衔接，形成了自己独特的风雨桥建筑艺术。动中有静，静中有动，很有灵性和个性；亭楼栏杆，墩桥柱架，壮丽牢实；长椅通道，座位舒适；琼楼亭榭，重檐飞阁，巧中见奇，奇中见雄，堪称建桥一绝。

都匀剑江文峰塔风雨桥可以说是目前贵州省内跨度最长，建得最有特色、最漂亮的风雨桥。这座风雨桥桥墩由五墩六拱钢筋水泥建成，全桥跨度110米，桥面宽5米，横卧剑江。主体部分皆为木料。整座桥楼不用一钉一铆，全系木料凿榫衔接。桥面均用杉木厚板铺就，全桥以76根大木柱撑着风雨桥楼，木柱上还雕画有各式与民风民俗相关的精美画图，情趣盎然。桥的两边每边安建30条坐凳，凳背安装内凹外凸弧形栏杆美人靠。按照每条坐凳可坐8人计，桥上一次可容480人坐下休息小憩。桥楼仍以亭台模式建造，单檐和双檐相间，排列共有五单五双。两边桥头是三重檐面，楼顶为小青瓦盖顶，飞檐灵动，翘角欲飞，很有动感。檐下均以20多厘米的美术格木雕装饰，古朴典雅，衔接流畅。美人靠下的空隙中也以30厘米宽的美术雕格木框装饰，它既能与檐边的木格相映相衬，又挡住空隙，以免小孩攀爬而发生安全事故。这座桥如长龙卧在剑江之上，与上游建于乾隆年间的百子桥遥遥相对，与建于道光年间的七层文峰塔连为一体，整座桥无论近看远观，都给人一种气势恢宏、典雅大气、流畅灵动的印象。

湖南省湘西土家族苗族自治州龙山县苗儿滩镇捞车惹巴土家风雨桥，全长为288.8米，比252米长的芷江龙津风雨桥还要长36.8米，是世界上最长、最具土家特色的土家风雨桥，创造了风雨桥长度的新纪录。该桥由世界民族建筑行业著名设计大师、"湘西鬼才"李宏进设计修建，桥梁主体为木质结构。

　　捞车河一带的三个古村寨属于苗市商周文化大遗址的一部分，这里集结了众多的土家古村落，许多土家古民居都镶嵌在这里，是武陵山区古朴、原生态土家文化保存得最为完善、最为活跃的唯一地域。自1957年土家族被国家认定为单一民族以后，这里就被民俗学家称为"中国土家第一寨"。

　　捞车惹巴风雨桥三桥交汇的中心位置安坐着龙王雕塑，四周围绕着栩栩如生的十二生肖石雕，以示保一方水土平安，祈求年年风调雨顺、五谷丰登、六畜兴旺。五座桥亭耸立于桥廊之上，飞檐翘角，画栋雕梁，十分精致美观，整个风雨桥如三条长龙横卧江面。桥廊两边专设有栏杆和长坐板，是供当地居民及游人歇息或休闲纳凉以及恋人幽会的绝好地方。风雨桥与捞车河两岸群山相映衬，与沿河的吊脚楼相辉映，构成了一幅神奇秀丽的湘西土家风俗画卷。

捞车惹巴风雨桥

26　　滇缅公路功勋桥

◇ ··················

　　惠通桥位于云南施甸与龙陵两县交界的怒江峡谷，桥以钢缆嵌入两端石壁悬吊而成，是钢索吊桥。桥墩高 30 米，跨度 123 米，面宽 5.6 米，枯水期高出水面 15 米。惠通桥所处的怒江峡谷，山高坡陡、地势险要，早在明代以前就是滇西交通的重要渡口，史称"腊勐渡"。清道光至同治年间（1821—1874），曾由潞江土司线如伦和永昌府同知覃克振倡导修建铁索吊桥，沿用数十年。

　　1928 年，时任龙陵县长的杨醒苍高瞻远瞩，经过慎重考虑提议在此处建成一座"一劳永逸之西式柔性钢索吊桥"，并请英国工程师帮助设计。两年后，邱天培接任龙陵县长，在省第一殖边督办李曰垓支持下，组建 18 人建桥委员会，继续筹划建桥事宜。历时四年准备，耗资八万银元，于 1935 年 1 月 14 日，将原先的土练桥改建成钢缆吊桥。此为滇西第一座钢缆吊桥，人车均可通行。因修桥资金不足，曾约请爱国华侨梁金山捐款数万元。对于梁金山这样的一个义举，当时人们建议把这座桥叫做金山桥，梁金山本人不同意，他说他做这个事是应该的，是报效家乡，是服务桑梓，架这座桥是为了实惠于两岸人民，所以这座桥最后定名惠通桥。吊桥全长205米，跨径190米，由17根巨型德国钢缆飞架而成，最大负重7吨。

1937年抗日战争爆发，国民政府抢修滇缅公路。为了让桥与赶修中的滇缅路配套，又将其改建成十级荷载公路桥，由国民政府交通总段管理处工程师徐以枋设计，段长陈德培和工程师郭增旺组织实施，旧桥改建为新式柔型钢索大吊桥。当时，修建惠通桥所需的钢材、水泥、钢梁和每一个零件都要到缅甸仰光去购买。因为没有公路，漫长的运输全靠人背马驮。从缅甸搬运修桥材料回来，相当艰苦。就连搬运钢索，也是两个人一根杠子，拴着钢索，就像长长的蜈蚣蜿蜒在山间，翻山越岭抬到工地。

滇缅公路惠通桥施工现场

1938年8月，仅用九个月时间修筑的长950多千米的滇缅公路基本开通，当时的《云南日报》为此发表了社论。之后，全国各大媒体争先报道了这个鼓舞人心的消息。滇缅公路的建成也震惊了全世界，当时的美国总统罗斯福不相信，于是派出特使来到了滇缅公路，来到了惠通桥。

惠通桥1938年10月下旬竣工通车，每次可通行10吨卡车一辆。1939年2月正式开放。

此后，随着抗日战争全面爆发，由于惠通桥位于滇缅公路（中国段）600千米处，是连接怒江两岸的唯一通道，一度成为盟国援华物资运输及滇缅抗战的"血线"要卡，人称"东方直布罗陀"。同时，这里也是中国远征军在1944年滇缅反攻战役利剑出鞘之地。

从1940年10月至1941年2月，日军为破坏滇缅路运输，曾先后出动飞机168架次，对惠通桥进行六次空袭，投弹400余枚，每次轰炸都使桥梁部分受损。虽经修复，负载力仍下降，最终只能每次通行7.5吨汽车一辆。到1942年5月滇缅公路被切断时，一共运输物资40多万吨和一万多辆卡车。西北通道、滇越铁路通道、香港通道一共运输了十多万吨物资，滇缅公路是其他所有通道的运输力量的四倍以上。

惠通桥作为连接天堑的交通要道，构筑在怒江之上，能够在日本的飞机轰炸中，岿然不倒，一方面是由于抗日军民的保护，另一方面是它奇迹般地处在敌机轰炸的死角。日机想要炸掉它，就必须向下俯冲再拉起来，但是惠通桥在群山中的位置，并没有给它相应的安全拉升高度。所以松山战役中，敌机虽然多次向它进攻，但都只能高空投弹，没有伤到它的主体，这可算是这座桥设计者创造的奇迹。

1941年，日本侵略者偷袭珍珠港引发太平洋战争，大举进击东南亚各国。1942年2月15日，驻守新加坡的10万英军向进攻他们的3万日军投降，马来西亚随之陷落，继而，日军又挺进缅甸，企图切断西方援助中国的唯一通道——滇缅公路。

1942年2月，中国派出远征军10万人挥师缅甸协同英缅军队作战，但未能取得战场的主动。因为缅甸英军作战不力，使中国军队孤军深入，以致戴安澜将军阵亡，中国军伤亡重大，节节撤退，日军紧追不舍，企图夺取惠通桥，进击昆明、重庆。

日军第56师团4月28日攻占缅甸腊戍，沿滇缅公路北上。5月4日，日军占领怒江西岸龙陵县城。

日军一向有恃无恐，唯一担心的是横亘在他们前进路上的天险——举世闻名的怒江大峡谷上的惠通桥能否畅行无阻。

日军先头部队几百人扮作难民，神速地逼近了怒江大峡谷上的惠通桥。而日本人要进攻中国内地，非得先占领惠通桥不可，这一站，至关重要。此前两天，中国远征军工兵总指挥马崇武将军，授权宪兵队长张祖武中校等候日军，并日夜守候在桥头上。

当时桥上人潮如涌，昼夜不息，从村民口中传来的消息越来越紧急。5月4日，日机轰炸了保山市，几万市民和整座城市毁于一旦。当接到有日军便衣混在难民中的消息后，张祖武便搬把椅子坐在桥头，亲自盘查过往的难民。傍晚6时许，一辆卡车颠簸着从保山方向开来要逆向过桥。当时桥上挤满了前往保山方向逃难的难民，汽车根本无法通过。但车主硬要往桥上冲，致使该汽车与另一辆汽车相撞，造成大桥阻塞。张祖武在紧绷情绪的刺激下勃然大怒，命令宪兵将车子推入江中。然而车主何树鹏不允，并"呼天哭地"以身护车。张祖武暴怒之下，以"妨碍执行军务罪"将何树鹏拖到江边给击毙了。

突然响起的枪声在空旷的大峡谷中引起了巨大的回响，受惊的人流开始攒动不安起来，使钢索大桥猛烈地摇晃，发出了可怖的"喳喳"声。宪兵为了平息骚动，只得举枪向空中连连鸣枪示警。一排排密集的枪声震撼了怒江峡谷，也惊呆了藏械潜行的日本人。此刻，这批假扮难民的日本尖兵小队距大桥仅百余米。然而他们谁也没有发觉，本来再过五分钟，甚至再过两分钟，这座关系到抗日战争命运的战略要冲便会被他们完好无损地夺占过去，日本的大部队便可以轻松地通过这座大桥，然后挥戈直指昆明、贵阳、重庆。然而，中国人和日本人的命运就在这一刻定论了。

这个很大的偶然性帮了中国人的忙!

骤起的枪声使日军误以为暴露了目标，他们气势汹汹地向惠通桥扑来。

做贼心虚的日军指挥官山田以为中国军队早有防范，于是，他下令让所有的日本兵脱去伪装，拿出武器，一边呐喊着冲锋，一边疯狂地向桥上的人群扫射。慌乱过桥的百姓来不及躲避，中弹的人群就像下饺子一样纷纷坠入江中。

张祖武被突如其来的枪声打蒙了几秒钟，但他很快便从密集的机枪声和令人胆寒的冲锋声中判断出，这是日本人来了，他慌忙地点燃了导火索。

日本人看到了燃烧的导火索后，疯狂地朝前冲去，想掐灭这令他们绝望的火花。然而，他们慢了几步。一声巨响，一团橘红色的光柱刹那间映红了整个夜空，火光中，雄伟的惠通钢索桥像玩具桥那么高高地被抛了起来，又重重地坠落下去，在江里激起了冲天的大水柱，而冲上桥面的几十个日本兵也一同葬身江水。

气急败坏的日本人眼睁睁地看着即将到来的胜利在他们面前消失，峡谷江水无情地挡住了他们的去路。于是，日本兵便把满腔的怒气撒到了来不及过江的难民身上，一连几天，怒江两岸的枪声如织，几千难民惨遭屠杀。

然而，日本人在1942年的辉煌胜利终于在惠通桥旁结束了。

这便是广为流传的"惠通桥惊心动魄的两分钟"故事。

在抗日战争中，由于力量悬殊，中国军民虽然长期处于被动挨打的处境，但总是努力坚持着。日本人妄图通过一两次决定性的打击，导致中国军事战线彻底崩溃的局面并不多见。然而，在1942年5月的云南怒江江畔，中国战线最危急的一刻却出现了。在陪都重庆的蒋介石甚至做了最坏的打算，设想到印度新德里重新建立一个中国流亡政府，类似法国将军戴高乐在伦敦设立的法国抵抗组织的流亡政府。

但是中国历史上最黑暗的时刻并没有到来，将日军奇迹般阻止在怒江西岸的是中国守桥工兵。守军果断炸毁桥梁，才阻止日军继续向昆明、重庆方向前进。由于过了惠通桥后，再无自然天险，以日军进攻的速度很快即可打到重庆（当时国民党临时政府所在地），后果不堪设想。一些当今的历史学者一直在讨论着这段历史，有人甚至说如果没有炸毁惠通桥，中国抗战历史将被改写。

1944年5月，中国远征军对滇西日寇发起全面反攻，强渡怒江。8月，远征军重修被炸毁的惠通桥，满载抗战物资的军车重新经惠通桥开往怒江西岸前沿阵地。1945年年初，远征军将盘踞滇西的日本侵略军赶出国门，全面收复滇西失地。惠通桥与滇西人民一起迎来了胜利，迎来了川流不息的车潮。

惠通桥——一座英雄的桥！一座险些改写中国乃至世界反法西

斯战史的桥！

解放战争时期，云南起义，蒋军围攻昆明，昆明人民在共产党的领导下展开坚强的"昆明保卫战"。1950年年初，解放大军由广西、贵州直扑昆明，蒋军分两路溃逃，一路从蒙自机场乘飞机逃亡，一路溃往滇西，企图逃往缅甸，为了切断蒋军的逃路，我军又一次炸断惠通桥。

今日惠通桥

后来的社会主义建设中，惠通桥依然发挥着巨大的经济建设作用。现在，惠通桥退役了，作为抗战文物保留下来，由下游不远处的"红旗桥"代替。站在惠通桥头凝视巨大的桥身凌空而过，心潮起伏：一座历经风雨的桥，一座捍卫民族生存战功赫赫的桥，一座载入第二次世界大战反侵略史册的桥，它威严而庄重。历史赋以它特殊的机遇，它将彪炳千古。

27　　　　　　　　　　阿尔卑斯桥如画

◇······················

　　一座跨谷的镰刀形上承式拱桥镶嵌在阿尔卑斯山的山谷间，白色的桥身在蓝天和青山的背景映衬下显得格外突出，给人以"万绿丛中一点红"之感。世界桥梁专家赞扬此桥"巧夺天工"，"是力和美的最佳结合"，"犹如阿尔卑斯山的一幅风景画"。此桥已成为瑞士的名胜，参观的人络绎不绝。根据此桥梁制作的工艺品、明信片，已成为旅游市场的畅销品。

　　这座桥就是塞金纳特伯桥，由瑞士工程师罗伯特·马亚尔（R. Maillart）于1930年设计的。建筑师们运用完全不同的形式和材料设计着令人惊叹的桥，桥梁设计毫无疑问地成为当今建筑形式设计中最耀眼的部分。确实，马亚尔设计的塞金纳特伯桥一直是现代建筑史上的杰作。

材料力学和工程力学的理论是建立在一些假设上的，这些假设通常是根据实验和实践观察所得到的结果而提出的。按照理论分析所得到的结果的正确性需要通过实验和实践来检验。由此可见，实验和实践对于材料力学和结构力学中理论的建立具有非常重要的地位。

塞金纳特伯桥

1901年，瑞士桥梁工程师罗伯特·马亚尔发现他建造的佐兹桥有轻微的扭曲，在三角形桥身腹部中间还产生了裂缝。一般的工程师一定会被这些问题吓坏，下次设计一定要加强三角形桥身腹部，以免发生同样的"错误"。罗伯特·马亚尔却不这么认为，而是采用逆向思维，既然桥梁没有因这些裂缝而垮塌，那么那些产生裂缝的区域就不再承受荷载，它们也一定是多余的。因而，当罗伯特·马亚尔在1905年设计塔瓦纳萨桥时，就去掉了多余的（容易开裂的）桥身腹部部分，从而创造了一种特殊和崭新的桥梁结构。并且后来又设计了很多类似结构的桥梁。

罗伯特·马亚尔设计的塔瓦纳萨桥和中国隋代著名匠师李春于公元605—618年设计建造的赵州桥有异曲同工之处，李春还把"没有用"的三角形桥身腹部留出来作为泻洪孔。

1400多年前的李春和100多年前的罗伯特·马亚尔并不知道如何计算结构的弯曲特性，不也一样建造了举世瞩目的桥梁吗？

罗伯特·马亚尔是伟大的工程师，他的智慧成就了塞金纳特伯桥。同样，塞金纳特伯桥的美丽，也成就了罗伯特·马亚尔在桥梁史上的不朽地位。

28　　　　　　　　　　单孔飞架悉尼港

◇ ⋯⋯⋯⋯⋯⋯

　　在澳大利亚悉尼的杰克逊海港，有一座号称世界第一单孔拱桥的宏伟大桥，这就是著名的悉尼海港大桥。悉尼海港大桥是早期悉尼的代表建筑，它像一道横贯海湾的长虹，巍峨俊秀，气势磅礴，与举世闻名的悉尼歌剧院隔海相望，成为悉尼的象征之一。

　　但是这个伟大的奇迹从酝酿到横空出世，经历了一百多年。1857年，悉尼工程师彼得·翰德森绘成了第一张设计图，其后经过反复修改。1923年，根据督建铁路桥的总工程师布拉德菲尔德博士的蓝图进行招标，由英国一家工程公司中标承建。1924年，悉尼海港大桥破土建造桥基。1932年3月19日竣工通车，历时八年多。

　　在建造过程中，有1600多名工人参与，其中16名工人不幸在建造过程中发生各种意外死亡。2007年3月18日庆祝大桥建成75周年的时候，一位名叫奥利弗·科尔（Olive Kerr）的妇女出席了庆祝仪式，谈到她父亲当年在建造桥梁的时候不幸从桥上坠下身亡时，仍禁不住流下眼泪，她父亲去世的时候，她只有三岁。

　　大桥在1932年3月19日通车，当天澳大利亚的保皇党人士不满大桥由新南威尔士省长杰克·朗（Jack Lang）主持开幕，没有邀请代表英皇的省总督主持，发生抢剪彩的事件，极右爱尔兰军人狄谷（Francis De Groot）上校策马上桥，挥刀将丝带斩断，他事后被罚款五镑，为大桥的历史增添了有趣的一页。

悉尼海港大桥

　　由于2007年3月18日是星期天，澳大利亚在这一天提前庆祝悉尼海港大桥建成启用75周年。这一天，桥面的汽车停走半天，让大约20万名参与庆祝的悉尼市民步行通过大桥。年纪最大的一位参加者是一名99岁的妇女，她75年前也曾步行过桥，这天是坐轮椅来的。有趣的是，主持75周年剪彩的新南威尔士省省长 Morris Iemma 女士在剪彩时用的剪刀，和75年前是同一把。这天澳大利亚的新闻报道说，现在已经没有省总督这个职位，省长是人民选出的代表，狄谷上校可以安息了。在这一天，同时揭幕的还有一尊专门为纪念16位在建桥过程中不幸身亡的工人而在桥边竖立的纪念碑。

大桥横跨悉尼杰克逊港湾，桥身长度（包括引桥）1149米，从海面到桥面高58.5米，从海面到桥顶高达134米，万吨巨轮可以从桥下通过。桥面宽49米，可通行各种汽车，中间铺设有双轨铁路，两侧人行道各宽3米。原来还铺设有轨电车车轨两条，后因交通拥挤把它拆除，划出8条汽车道。大桥的设计负荷是每小时通行汽车6000辆、火车和电车128列，还可通行几万人。悉尼大桥的最大特点是拱架，其拱架跨度为503米，而且是单孔拱形，澳大利亚人形容悉尼大桥的造型像一个"老式的大衣架"。它是南半球第一大拱桥，将市区南北两部分联成一体。

大桥的钢架两头搭在两个巨大的钢筋水泥桥墩上，桥墩高12米。钢架与桥墩的接头处有大滚珠，钢架热胀冷缩，滚珠起着调节作用。两个桥墩上还各建有一座桥塔，塔高95米，全部用花岗岩建造。

在20世纪30年代，以当时的技术条件，在大海上凌空架桥，实为罕见。悉尼大桥的单孔跨度和桥面宽度至今仍保持着同类桥梁世界第一的纪录。这座大桥整个工程的全部用钢量为5.28万吨，铆钉数是600万个，最大铆钉重量3.5千克，用水泥9.5万立方米，桥塔、桥墩用花岗石1.7万立方米，建桥用油漆27.2万升。从这些数字足可见铁桥工程的雄伟浩大，这也应该是世界桥梁史的吉尼斯纪录了。

目前悉尼大桥的交通完全由电脑控制。在大桥的两端桥塔上装有自动摄影设备，摄像镜头可以自动变换焦距和角度。当车辆一进入大桥，它就可以把车的型号、车牌号、收取过桥费以及车辆流量等全部情况记录下来。整个桥上的交通情况在电脑控制中心的电视荧光屏上看得清清楚楚。桥上还有巡逻车巡逻，随时处理各种情况，使大桥始终保持畅通无阻。

从前，攀爬悉尼大桥的钢桥拱是大学生们的胆大妄为之举，不知道是否是受了他们的启发，从1998年开始，悉尼大桥开放给公众攀爬，普通人都有机会一尝当冒险家的滋味了。爬上桥顶是什么感觉？胆战心惊？险象环生？都不是。事实上，整个攀桥过程非常安全，"攀桥观悉尼"提供有导游陪伴。在登桥之前，攀桥人必须通过肺活量测验、酒精测验以及通过金属探测器，本人还必须在健康状况证明和合约表上签名才可以获准攀爬。攀爬开始前全部的人都会拿到一套攀登服。另外，如果是晚间攀登还会有轻型的攀桥专用灯。大桥拱顶距离水面134米，疯狂的高空体验绝对可以让攀桥人暂时停止呼吸，但站在悉尼大桥顶端的那种成就感是言语无法形容的。成功攀上悉尼大桥顶端的游客，都会收到一份纪念照片以及成功攀登大桥的证书，可以拿给朋友炫耀一下。

2013年8月13日，为庆祝中国七夕情人节，攀登悉尼大桥公司邀请了五对居住悉尼的华人情侣在七夕拂晓登顶这个城市最壮观的景点——悉尼海港大桥，在这样一个特殊的日子，这场与众不同的浪漫相会不仅是为了纪念美好的爱情将相爱的人紧密相连，也同时庆祝攀登悉尼大桥公司中文网站（www.bridgeclimb.cn）的正式启用，将攀登悉尼大桥公司与其华人客户跨越国度连接在一起。经过

134米的攀爬，五对情侣登至悉尼海港大桥的顶端。整个大桥顶端用红色装饰，充满了中国传统节庆的气氛，荡漾着爱的味道。情侣们手牵手，用中文宣读对彼此的祝福，以一种独特的方式诠释"鹊桥相会"这个来自中国的传统浪漫典故。

今日的悉尼大桥，北端弯成一个大弧形，连接北上的高速公路，南端一直伸入悉尼市区。每当夜幕降临，大桥的钢架上就亮起了万盏灯火，远远望去，五彩缤纷，灿烂夺目。

悉尼海港大桥建于1932年，悉尼歌剧院落成于1973年，时隔41年，却浑然一体，好似缺一不可。它们完美搭配着群体建筑，与周围景色相映成趣。将歌剧院和大桥联成一体欣赏时，雄伟和婀娜、深色和浅色、直线和曲线构成了一幅反差强烈又和谐一体的美丽图画。

悉尼海港大桥和悉尼歌剧院

悉尼大桥有许多重要的意义，她是连接港口南北两岸的重要桥梁，是悉尼歌剧院明信片的完美背景，也是摄取港口全景的绝佳地点。几十年来，这座大桥不分昼夜地驮载往来的人货车辆，外来的游客到达悉尼市后，都要到大桥一游。它与悉尼塔和悉尼歌剧院，并称为悉尼三大地标性建筑。

时至今日，各种车辆每天24小时风驰电掣快速通过，每天通过车辆200万辆。可是大家要知道，悉尼大桥建成于1932年，当时的条件应该跟现在相比有太大的差别，80年前在海面上建造出如此宏伟的大桥，时至今日仍然坚固耐用，不能不让人惊叹澳大利亚人的智慧、技术和超前的眼光。真可谓：一桥飞架南北，天堑变通途。这座桥给悉尼的老百姓带来了交通的便利，促进了当地经济的发展。

近年，为庆祝新年来临，在除夕夜，悉尼海港大桥都有盛大的新年焰火表演，烟花被放置在大桥上，五光十色的焰火按着桥梁的形状艳光四射，每年都吸引了超过50万人在悉尼海港四周观看表演。

事实上，最好的过桥方式是步行，那种在桥上漫步的感觉只有当事人才能体会。在漫步越过大桥时，可在东南方的塔楼稍作停留，此处有一个关于大桥是如何建造起来的有趣展示，让游客花时间爬200个阶梯去观赏远景也是相当值得的，因为港口及大桥的景色的确令人赞叹不已。

29　　坐看江潮若等闲

◇ ·······················

　　钱塘江上自古无桥，钱塘江一直就是一条凶险之江。相传当年秦始皇欲去绍兴祭大禹，眼望波涛汹涌的钱塘江竟不敢登渡，只好上溯60千米，选一最窄处过了江。唐代诗人施肩吾以"天堑茫茫连沃焦，秦皇何事不安桥"的诗句来形容钱塘江上架桥难。早在五代以前，民间就有"钱塘江无底"之说，因为深达40米的流沙，经江水冲刷，变迁无常，而且上游时有山洪暴发，下游常有海浪涌入，若遇台风过境，浊浪排空，势不可挡。提及高达5~7米的钱塘江大潮，更令人生畏。1904年清政府就意欲建桥，民国时浙江省政府也有此意，皆因自然条件险恶，最后只能不了了之。故而在早年，杭州人若说起某件事绝对办不成时，就会说：除非钱塘江上架起一座大桥。

　　1934年11月11日，中国人自行设计制造的第一座钢铁大桥——钱塘江大桥举行开工典礼，这座桥梁的设计者就是著名桥梁大师茅以升。在科技落后的年代，我国横跨江河的铁桥都是由外国桥梁工程师设计的。且不说松花江大桥、黄河大桥、蚌埠的淮河大桥，即使是百余米长的上海外白渡桥、宁波灵桥也都是外国工程师设计的。闻悉中国人要在钱塘江上建桥，有的外国工程师曾妄言：能在钱塘江上造大桥的中国工程师还没出世呢。

茅以升1896年出生于江苏省镇江市，21岁成为美国康奈尔大学的桥梁硕士。23岁时，他在自己的博士论文中关于桥梁工程的见解，被国际桥梁界定为"茅氏定律"，成为美国卡耐基理工学院（现为卡内基梅隆大学）建校以来第一位工学博士。1920年，他学成回国后，立志为自己国家造一座举世闻名的桥。在他37岁的时候，这个机会突然来了，当时的浙江省建设厅长曾养甫邀请他筹建钱塘江大桥。

曾养甫当时任浙江省建设厅长兼浙赣铁路理事会理事长及建设钱塘江大桥主任。曾养甫个性务实坚韧，处事果决。在他主持下，仅用半年时间，铁路就修筑到了金华，至1933年冬又延伸到江山县。为使浙赣铁路和萧甬铁路与沪杭铁路衔接，曾养甫提出在钱塘江上造座桥。

建桥计划呈报后获准，于是曾养甫请外国工程师来设计造桥。美国桥梁专家华德尔（时任铁道部顾问）设计了一座铁路、公路和人行道并行的"综合桥"，造价是758万银元。曾养甫认为造价太高，中国的事还是让中国人来办。那么，选择谁来担当造桥重任呢？

曾养甫经过多方了解和慎重考虑，最终聘请时任北洋大学教授的茅以升。不久之后，茅以升南下杭州与曾养甫会晤。曾养甫当时患重感冒，本已卧床谢客，而听到来访客人是茅以升时，他急忙起床迎候，振作精神滔滔不绝地谈起造桥之事："……我考虑很久，主持造桥还是请你来担任，造桥工程完全由你负责，我决不干涉……经费由我负责筹集……一定要把桥造起来！"茅以升被他的热情和坦诚感动了。

接过曾养甫提供的一些资料，茅以升亲临现场勘察，设计出了一座长1453米、宽9.1米、高71米的上下双层钢结构桁梁桥，分引桥和正桥两个部分；桥墩15座（正桥16孔）。而造这座铁路、公路的两用桥（上层为公路桥，车道两侧行人道各为1.5米）只需510万银元（合当时163万美元）。于是曾养甫亲自出马四处"化缘"借款，可是就连中国人也不相信中国人会造桥，曾养甫只能在与银行、外界相关部门交涉时抬出"外国招牌"：建桥方案是华德尔的设计略加修改，就这样七拼八凑筹集了这笔造桥资金。茅以升后来回忆：在一心集资修建钱塘江大桥一事上，可以看出曾养甫是有爱国心的，并且有一定的气度，在工程方面比较专业，为人也是清廉的……幸亏有曾养甫的赶和逼，钱塘江大桥才能于两年半内完工，没有耽误大桥在抗日战争中的作用，否则两年半还是不够的。

人们没有忘记这位建造大桥的倡导人和组织者，在宏伟壮观的大桥上镌刻着曾养甫三个字，至今犹存。

钱塘江大桥工程处于1934年4月成立，处长茅以升请来当年美国留学时的大学同窗罗英担任总工程师。1934年8月8日动工兴建大桥，但因筹备、承包商运送工具和材料耗费了很多时间，正式开工是在1935年4月6日，当时曾养甫要求大桥在一年半内完工。

大桥刚开工就遇到工程上的重重困难，社会上又谣言四起，弄得银行界人士纷纷担忧放款能否收回。此时又发生一起事故：一艘打桩船突遇狂风巨浪沉没，数十名桥工不幸遇难。茅以升回忆录记述：……正在这个时候，曾养甫忽然找我去南京谈话，他那时已调任铁道部副部长，问明详细情况以后，他正颜厉色地对我说：我一切相信你，但是，如果桥造不成功，你得跳钱塘江，我也跟你后头跳！我知道这种逼人的方法，是曾养甫惯用的，但我当时却很激动，心想：你等着看吧！

桥墩需建在坚实稳固的基础上，然而钱塘江底积淀的流沙竟厚达41米。茅以升设计的方案是：在设定桥墩位置的四周，打入穿越泥沙的木桩，并发明了"沉箱法"，即用钢筋混凝土浇制一个长18米、宽11米、高6米，重达600吨的"沉箱"。将无底无盖的"沉箱"运到江里，罩住木桩圈，再用6个3吨重的船用铁锚定置，然后用高压气挤走箱里的水。此时"沉箱"似一间无屋顶的房子，工人们在箱里进行挖沙作业，最后在沉箱上筑桥墩。

建桥墩共需打1440根木桩，但打桩却遇到困难——重夯木桩容易断裂，轻夯则打不下去，一昼夜只能打1根桩。茅以升从浇花壶水能将土冲出小洞中受到启发，首创采用高压水龙带抽江水，在厚硬泥沙上冲出深洞再打桩的"射水法"工艺，一昼夜可打30根桩。一个难题解决了，又一个难题出现了：汹涌的浪潮把"沉箱"推移偏离，一次竟将庞然大物冲到几里外的闸口电厂附近的江中。后来工人提出把铁锚改为10吨重的"混凝土水泥锚"，终于使沉箱固定住了。

造桥虽已使用了机械化装备，但仍离不开人拉肩扛，当时江中正桥桥墩还有一处尚未完工，茅以升、罗英率领工人夜以继日地加速施工，还巧妙利用自然力的"浮运法"，潮涨时用船将钢梁运至两墩之间，潮落时钢梁便落在两墩之上。

钱塘江大桥设计荷载，铁路面轴重50吨、公路面15吨，使用年限50年。大桥在建造中严格按设计图纸和操作规程施工，大到钢梁的架设，小到每一个紧固螺钉，对每道工序都有检查程序，不符合的必须返工，绝不因工期紧迫而粗制滥造，更无偷工减料之举。

为了保证大桥质量，茅以升对大桥中的每一道工序，都极近苛刻。大到钢梁的架设，小到每一颗螺钉都有严格的检查程序。一根钢梁大约有1.8万颗螺钉，每一颗螺钉安装后都有专门人员逐个检查，在不合格的螺钉上做个记号，重新安装。茅以升自己也经常到建桥工地去，他的目的只有一个，就是让桥上这28万颗螺钉，颗颗都能承载千斤重担。他要向世人昭示：中国人建造的大桥不比外国人差。

在大桥施工过程中，总工程师罗英、正工程师梅旸春等技术人员功不可没，茅以升集聚造桥人的智慧解决了80多个技术难题，打破先做水下基础，再做桥墩，最后架钢梁的传统造桥程序，采取上下并进、一气呵成的方法，即基础、桥墩、钢梁三种工程一起施工，提高了工程效率。

1937年7月7日卢沟桥事变爆发，茅以升似乎预感到了什么，于是做出了一个重大决定——亲自将原大桥设计图进行了修改，在14号桥墩上特地留下一个长方形的大洞。

1937年8月13日，淞沪会战打响了。8月14日下午，三架日寇飞机向大桥扔炸弹，但都丢在了江中，此后又常来骚扰。整个大桥工地笼罩着战时气氛，建桥工人们冒着敌机轰炸的危险，茅以升率领全体技术人员和工人们日夜奋战在工地上。9月19日、20日，大桥的最后两孔钢梁装到了桥座上，大桥合龙了！两孔钢梁的安装只隔一天，这在中国桥梁史上是罕见的。

终于，9月26日清晨4时，第一列火车通过大桥。开通当天，运输军火的列车便陆续从桥上通过。公路桥也已进入扫尾阶段。

钱塘江大桥在10月全部竣工，只准火车运行。为了让大桥免遭敌机轰炸，公路没向行人和汽车开放，并在公路上堆放了许多杂物，从空中俯视，好像大桥尚未完工，以迷惑敌人。

1937年11月13日，上海《时报》一条消息让人掩面而泣："在敌军猛烈的炮火中，艰苦抗御至前晚11时，终以工事被毁，无坚可凭，乃奉令撤退，我大上海完全陷入敌手……"凄婉苍凉中，上海沦陷。

1937年11月16日，茅以升在钱塘江大桥工程处接待了一位南京政府派来的重要客人，他是南京工兵学校丁教官。在出示了一份南京政府绝密文件后，丁教官对茅以升说，如果杭州不保，钱塘江大桥就等于是给日本人造的。丁教官告诉茅以升，炸药已直接由南京运来。

茅以升此时经历着一生中最痛苦的时刻，七七事变后他在14号桥墩已经预留了一个大洞，这个大洞就是为了炸桥时放置炸药的。但没想到，这一天不但真的来了，而且来得如此之快。他很快冷静下来，将钱塘江大桥的所有致命点一一标了出来。

当时，炸这样一座桥墩和五孔钢梁，需要100多根引线接到放炸药的各处，而完成这样一件工作需要12小时，如等到兵临城下再做恐怕太晚了。可是如果马上做，敌人并没有在12小时后到来，又太早了，怎么办？他们想了一个办法：先把炸药放在预留的空洞内，然后再将引线从炸药处引至南岸的一所房子里，等到要炸的时候再把每根引线接通雷管，只要一声令下，将爆炸器的雷管通电引火，大桥的五孔一墩便立刻爆炸。

就在他们埋好炸药的第二天，茅以升突然接到浙江省政府的命令，立即开放大桥。这令茅以升不解：大桥公路部分早已建成，但为了预防敌人袭击一直未开放，现在为什么突然又要开放呢？省政府告诉他，上海战事爆发后，很多人要渡江逃难，每天有数万人渡江，渡船已不够用。其中一艘渡船还发生了翻船事故。聚在岸边等待渡江的人越来越多，形势严峻。迫不得已，省政府做出开桥的决定。

大桥于是在11月17日开通。当第一辆汽车从大桥上驶过时，两岸数十万群众掌声雷动，很多人迫不及待地涌上大桥，大桥从早到晚都被挤得水泄不通，形成钱塘江上从未有过的一次南渡大潮。但是没有人知道大桥下面埋着炸药，人和车都是在炸药上行走。就这样，茅以升将炸桥时间推延了37天。这37天，不知挽救了多少生命。

到了12月，日军攻克武康，杭州危在旦夕，不光过桥的人更多了，铁路运输也紧张起来。据铁路部门估计，12月22日这一天，过桥撤退的火车有300多列，客货车2000多辆。12月23日下午一点钟，炸桥的命令终于下达。本来可以立即炸桥，但是北岸上仍有无数逃难的人涌来过桥，根本无法下手。

一直等到下午5点钟，远处已经见到日军骑兵烟尘，大桥禁止通行，一声巨响，满江烟雾，刚刚落成89天的钱塘江大桥悲然绝世，茅以升的心碎了。在世界桥梁史上，建桥者亦炸桥人唯有茅以升。

茅以升感慨地回忆道："在大桥工程进行时，总工程师罗英曾出过一副上联'钱塘江桥，五行缺火'。因为前四个字的偏旁是金、土、水、木，唯独没有火。可是上联出了以后迟迟没有人对出

下联。没想到，炸桥后，五行不缺火了，桥却断了。"钱塘江大桥
被炸断后，心绪难平的茅以升赋诗一首："斗地风云突变色，炸桥
挥泪断通途。五行缺火真来火，不复原桥不丈夫！"

　　12月24日，杭州沦陷，但几乎人走城空。

　　钱塘江大桥从建成到通车，再到炸毁，存在了89天时间。但
是，它发挥出来的巨大作用，光从抢运物资上来讲，包括军用、民
用物资以及机车车辆，就超出了它建桥时500多万银元的总投资，
更重要的是，有100万生命都是从这座桥上逃难过去的。

今日钱塘江大桥

大桥炸毁后，桥工处撤离，茅以升全家跟着逃难的人群四处颠沛流离。但茅以升却清楚地知道，总有一天，自己还会回到这里，因为在大桥被炸的那天晚上，茅以升在书桌前写下了八个大字："抗战必胜，此桥必复。"

炸毁大桥对阻滞日军南下起到了很大的作用。日军曾对大桥寄予很高的期望，通过它可以直抵战争后方。因此他们决定马上修复大桥，但日本人花了整整七年，才于1944年将大桥勉强修通，而此时距他们战败的日子已经不远了。

历史学家在评论这段历史时说："日军实施南京大屠杀后，南侵镇江、无锡、芜湖等地，所到之处疯狂实行'三光'政策，杀我同胞无数。唯侵占杭州后，发现几乎已是一座空城，是所有城市中被杀军民最少的。此钱塘江大桥莫大之功也。"

四处奔波的茅以升时刻期盼着抗战胜利、重修大桥的那一天，而钱塘江大桥的命运却如危难中的中国一样，命运多舛，一波三折。抗日游击队员为了阻止日军南侵，先后两次将日军修复好的大桥炸毁。1949年5月3日，杭州解放当日，国民党节节败退，在大桥第五孔钢梁下放置了炸药，再次炸断大桥。1946年，茅以升就开始修复大桥。到1953年修复完成，历时整整七年，远远超过了当初两年半建桥的时间。

1987年，钱塘江大桥建桥50周年时，茅以升再一次登上钱塘江大桥。他对身边的人说，半个世纪前的往事仿佛就在昨天。那时茅以升已经年过90了，眼睛不好，只能看到很近的东西，而且只能看到影子，所以他一直抚摸着钱塘江大桥的栏杆，没有说话，只看着远方。他心里肯定是非常激动的，或许他知道这将是自己最后一次登上钱塘江大桥，心情应该是很复杂的。

　　两年后，茅以升逝世。钱塘江大桥永远铭刻建造者，中国人民永远铭记茅以升。他为了祖国和人类的桥梁事业和科普事业奋斗了一生，爱桥胜过爱自己的生命。桥，倾注着他全部的心血、炽烈的情感；桥，凝聚着他巨大的力量、献身的精神。从桥上走到大桥桥底，在北端西侧，有一块三角绿地，绿地中央矗立着茅以升全身铜像。大理石基座正面嵌有江泽民同志题写的"茅以升先生像"五个大字。铜像后面几米处，立有青色大理石碑一块。上面镌刻着1997年9月杭州市人民政府为纪念大桥通车60周年而撰写的《钱塘江大桥纪事》。

茅以升铜像

　　站在茅公铜像前，望着他身后一桥飞架南北的杰作，让你不由得对这位艰危不辞、厥功至伟的桥梁泰斗肃然起敬。

　　随着经济建设的发展，钱塘江大桥上的车流量、车辆时速与载重等，都已超过原来设计的技术参数，大桥至今已"超期服役"27

年了，除展开的钢梁15至20年涂刷一次油漆、更换桥面板等保养外，令人赞叹的是77年来这座桥还没有进行过一次大修。

西南交大郑凯锋教授介绍，2008年他曾和铁路部门组织的桥检队一起，对大桥进行了系统检测、试验和评估，大桥70多岁了依然老而弥坚，日常的养护和对货车、超载车的限行十分重要。大桥设计时只能承载十三四吨的汽车和慢速通过的火车，现在大桥公路部分只通行客车，铁路桥部分除了轻巧的动车可以以120千米的时速通过外，货运列车的通过时速被限定在60千米。郑凯锋说，虽然大桥已是个古稀之年身患重疾依然老骥伏枥的老人，而且因为早年的战火袭扰，一些钢梁曾长时间在钱江潮中浸泡，一些钢构件弹痕累累、弯曲变形，但只要养护、管理得当，及时更换损坏部件，大桥再工作一二十年，坚守到百年华诞依然可期。

如今，几乎与钱塘江大桥同时落成的美国金门大桥，成为美国民众和加利福尼亚州的骄傲，而钱塘江大桥亦已成为中国工业遗产中的绚丽瑰宝。

如今，站在之江路向东远远望去，钱塘江大桥影影绰绰，大桥上下虽薄雾缭绕，但难以遮掩这里曾有过的血火交融。江面虽然雾霭蒙蒙，又怎能抹去钱塘江烽火当年。大桥无语，但却刻满了岁月陈痕。雾是过眼烟云，桥是历史见证。

30　　　　　　　　　桥梁传奇话金门

◇ ⋯⋯⋯⋯⋯⋯

当你乘船横渡太平洋抵达旧金山时，远远就能看见一座橘红色的悬索桥飞跃金门海峡，雄伟而有气势的造型与横跨的两个山崖完美地融为一体。这就是举世闻名的金门大桥，雄峙于美国加利福尼亚州宽1900多米的金门海峡之上，被誉为近代桥梁工程的一项奇迹。它同自由女神像一样，已成为美国的一个象征。

1579年，英国探险家法兰西斯·德瑞克（Francis Drake）发现连接太平洋和旧金山的一个两岸陡峻、航道水深的海峡，这就是后来的金门。尽管这个名字在1849年的淘金潮以前早就使用，但淘金潮使得金门成了加利福尼亚神秘魅力不可缺少的一部分。早在1872年，就有过要在金门海峡修建一座大桥的想法，但是直到1937年，才在海峡上修了一座悬索桥。在金门大桥修建之前，来往港湾只能依靠轮渡。但随着旧金山城市的发展，轮渡越来越无法满足人们的交通需求。1916年,《旧金山呐喊报》的编辑詹姆斯·威尔金斯开展了一场呼吁建桥的运动。在这场运动带动下,工程师们进行了建桥的造价分析,得出至少需要1亿美元才能兴建大桥的结论。无疑,这样的费用太高了,建桥资金无法落实。过了五年,桥梁工程师斯特劳斯提出只需2700万美元即可建桥,同时建议以收取过桥费的方式来解决资金问题。但出自于一些利益考虑,建桥的提议遭到了铁路和轮渡公司的强烈反对,当然,反对最后无效。可能当年的这些反对者,无论如何也没有想到,他们反对兴建的这座大桥,现在竟成了美国最著名的旅游景点之一!

金门大桥横跨南北,将旧金山市与马林(Marin)县连接起来。花费四年多时间修建的这座桥是世界上最漂亮的大桥之一。它已不是世界上最长的悬索桥,但它却是最著名的。金门大桥的巨大桥塔高227米,每根钢索重6412吨,由27000根钢丝绞成。1933年1月始建,1937年5月建成通车。旧金山为纪念这位伟大的桥梁设计师,把斯特劳斯的铜像安放了在金门桥畔,让每一个到此参观的游客,都能看到这位大师的风采。

美国的金门大桥是"4+4"八车道模式,由于上下班车流在不同时段出现两个半边分布不均的现象,桥上经常发生堵车问题。一个年轻人建议把原来"4+4"车道模式按照上下班的车流方向

斯特劳斯铜像

不同，改为"6+2"或"2+6"模式。整个桥面的车道仍是八车道，但堵车问题得到很好的解决。这个金点子为当地政府节约了再造一座大桥的上亿资金。

金门大桥宏伟壮观，与周围环境融为一体，无论在什么季节都透着一种独特的美感：阳光普照时，全桥清晰可见，整个大桥犹如一弯朱色长虹，悬挂在蔚蓝色的海面上；云雾升起时，红色的桥塔在缭绕的茫茫白雾中若隐若现，看上去恍若仙境。许多美国人认为金门大桥是世界上最美丽的桥梁，那些来自旧金山的人更是为他们的大桥感到无比骄傲。

关于金门大桥的颜色，千万不要想当然地认为是金色的。事实上，大桥是红色的。有关大桥名字的来历，有这样的一个典故：19世纪时，有一个叫做约翰·傅里蒙的美国作家兼探险家从太平洋驾船来到旧金山。刚到海湾时，天气晴朗，阳光灿烂，整个港湾在阳光的照耀下闪闪发光，景色非常壮观，傅里蒙说那迷人的港湾仿佛是进入旧金山的"金色之门"。人们非常喜爱傅里蒙对于港湾的这般描述，所以就将横跨这个港湾的大桥称为"金门大桥"了。

金门大桥

这座闻名遐迩的大桥，今天人们又赋予它一个新的令人恐惧的名字——死亡之桥。据说从大桥建成后的50多年时间里，从金门大桥上跳海自杀者已超过千人，更有报道说，到目前为止，已经有超过1500人在这里自杀。为了防止在金门大桥上不断出现的投海自杀现象，旧金山警方在桥上布置了许多安全人员，不分昼夜值班巡逻，并且应用现代化设备实行"自杀监视"。斯蒂尔曾以金门大桥为题材拍了一个纪录片《桥》，电影里展示了真实的自杀场面。

有人针对金门大桥自杀率超高这一问题进行过技术层面的分析。分析者认为，自杀率超高是因为设计没有围绕着"以人为本"进行"人性化设计"所致，设计中存在明显的缺陷和隐患，即大桥的护栏太低。其实，关于是否增高护栏在旧金山一直都存在着争议。反对增高者认为，护栏增高有碍大桥的美观，对大桥的抗风也不利。并且认为，增高护栏并不能从根本上解决自杀问题，因为自杀者到哪儿都可以找到自杀的途径。

随着跳桥自杀的新闻不断曝光，人们对金门大桥以及其设计者斯特劳斯的看法发生了改变，金门大桥被看成是扼杀鲜活生命的"杀手"。一些自杀者的家人，甚至将已不在人世的斯特劳斯告上法庭，其理由是，他生前不应该造这么一座具有"死亡诱惑力"的大桥，如果没有这座桥，他们的亲人就不会轻生。

虽然法院都驳回了他们的无理控诉，但是这却给斯特劳斯的三个子女造成了巨大的心理负担。为了弥补和挽救父亲"考虑不周"所犯下的错误，斯特劳斯的三名子女在长子马丁的带领下，踏上了阻止跳桥者自杀的历程。

他们先是在大桥的缆索上贴满了劝慰企图跳桥轻生者的标语，同时，三人一有空就轮流巡逻，遗憾的是收效甚微。一些决心赴死的人根本不吃这一套，他们甚至看都不看标语，就选择了和这个世界说再见。劝慰和巡逻丝毫不起作用，自杀者的数目依旧有增无减，焦急万分的马丁最后做出了一个决定，给金门大桥安上防护网，将大桥上可以跳下去的豁口和低处全部网住。

然而，这个看似简单的措施却需耗费巨资。为了不影响金门大桥的美观以及不增加它的负重，所有的防护网必须是透明轻巧的，这就意味着不能使用普通的材料，而需选用特种材料。在奔走了两个多月后，马丁终于找到一家可以生产这种防护网的厂家，但是，所有的费用加起来竟高达惊人的好几千万美元！

斯特劳斯的三名子女表示，他们将承担750万美元的费用。其实，马丁三兄妹并不是大富之人。马丁是一名桥梁设计师，年薪约为10万美元；马丁的妹妹是一名中学教师，年收入4万美元；弟弟则是一名药剂师，年收入6万美元，三人年收入共计大约为20万美元左右。好在旧金山当局愿意承担一部分费用，其余的只好向社会募集。之后，经过四年多的辛苦筹集，马丁兄妹终于筹集到安装防护网的第一笔费用500万美元。2008年5月，第一段防护网正式被安装在大桥上。如今，马丁兄妹正马不停蹄地为第二笔安装费奔走。桥梁设计大师斯特劳斯没想到，自己堪称完美的杰作，在他死后竟引出本与他无关的瑕疵，而他的后人却主动承担弥补的责任，这也许就是大师家族不能被外界理解和模仿的非凡气质吧。

在和金门大桥的姊妹桥海湾大桥的对比研究中，自杀专家们发现，在海湾大桥上自杀的人屈指可数，按照常理，人都想死了，摔在哪里还不一样？当然了，不要从闹市区的高楼往下跳，那样太自私，会砸到别人的。自杀专家理查德·赛登（Richard Seiden）说：多数人认为死在金门桥下很美、很浪漫，而从海湾大桥往下跳，显得老土。而杰罗姆·莫托（Jerome Motto）则从视觉出发，找到他认定的原因：站在金门桥上，你会产生如此幻觉，跳下去将会是干净、平静、柔顺的死亡。

当然，在金门大桥之后，又有无数更耗人耗钱耗时的工程，可它们最终看上去都是一堆死物；只有金门大桥，精致邪恶得需要祭品。云雾中的金门大桥像撒旦的微笑一样美，像上帝的祭坛一样庄严。从金门大桥往下看，常有雾气萦绕，让人产生幻觉。这是无法承受的美，以至于他们再也不愿意离开，再也忍受不了回程票把他们带回去的那个无聊世俗的时空。跳的人多了，在金门大桥自杀就有了普遍认同的理由：为什么在这儿自杀？因为他无法在别的地方得到如此绚丽的死亡，这儿是死亡圣殿，只要跳了，他就是献给死亡的神圣幡祭。

雾气萦绕的金门大桥

金门大桥经过设计师长期思考酝酿才设计建成，具有独特风格，是创新的桥。模仿仅是停留在浅层次的思维活动，而创新则是更高层次的思维活动，所以它更被人们重视。正是创新推动着人类社会前进。

31　　　　　　　　　　　　一朝天堑变通途

◇ ··············

　　"黄河水，长江桥，治不了，修不好。"这首绝望的民谣一直传唱在新中国成立前的武汉三镇，相信武汉年纪稍大的老人，一定对这首民谣记忆犹新。

　　当年国父孙中山屹立武昌蛇山顶，极目远眺滚滚长江，见到汹涌澎湃、烟波浩渺的江水，他老人家感慨万端地讲述平生两件大事未了：一驱逐鞑虏，振兴中华；二建造武汉长江大桥。孙中山在《建国方略》中也提到"以桥或隧道联络武昌、汉口、汉阳为一市"。

　　1952年2月的一天，毛泽东主席兴致勃勃地到汉阳龟山绕了一圈，在山顶看见三国东吴儒臣鲁肃的坟墓，思绪万千，胸中如同奔涌着滚滚浪涛，充满了豪情壮志，他放豪言在长江上造大桥，不但要让蒋先生瞧瞧，也要让全世界看看，毛泽东硬是要光脚板穿布鞋走过长江去！

据历史记载，除清咸丰三年（1853），太平军曾在龟、蛇两山之间铺设三座浮桥外，6000多千米的长江上从来没有一座真正的桥梁。清末，邮传部开始拟定修建武汉长江大桥的计划。1913年，詹天佑请北京大学德籍教授乔治·米勒带领13名土木科毕业生来武汉对长江大桥桥址进行初步勘测和设计大桥的实习。1930年，一个叫华达尔的美国桥梁专家建议民国政府进行筹建工作，民国政府派人在长江上钻了几个孔，之后也无声无息了。1936年，钱塘江桥梁工程处又着手进行筹建武汉大桥的建设工作，茅以升为了募集资金，还曾拟定了过桥收费、分期还本付息的办法，但仍然刺激不了豪绅权贵们的投资兴趣，筹建工作不了了之。1946年与1947年，长江大桥筹建工作又先后进行了两次，同样没有任何结果。

新中国成立后，修建武汉长江大桥很快被提上议事日程。1950年，滕代远刚刚接手主持全国铁路工作不久，就根据中央人民政府的指示，着手筹划修建武汉长江大桥，并进行初步勘探调查。1952年，成立了大桥设计事务所，成立了测量钻探队，取得第一手资料。

1953年2月18日，毛泽东在武汉听取中南局领导关于大桥勘测设计的汇报后，还饶有兴趣地登上黄鹤楼，视察了大桥桥址。1953年4月，铁道部设立了武汉大桥工程局。1954年1月21日，周恩来总理听取滕代远关于筹建武汉长江大桥的情况报告，讨论通过了《关于修建武汉长江大桥的决议》。会议同时批准了1958年年底铁路通车和1959年8月底公路通车的竣工期限。

在得到周总理批准后，铁道部派出代表团携带全部建桥图纸、资料赴莫斯科，请他们帮助进行最后的审定。苏联政府对大桥设计文件的审定十分重视，指定了25位最优秀的桥梁专家组成审定委员会，由苏联交通部副部长、桥梁工程总局局长古拉梁夫任主席。1954年7月左右，以康斯坦丁·谢尔盖耶维奇·西林为首的苏联专家陆续抵达大桥工程局并开始工作。

时任铁道部材料局局长的廖诗权在回忆中讲了这样一件事。修建武汉长江大桥时，需要125米长的大跨度钢梁。西林说苏联国内有生产，可以去订货。但我们派人联系时，苏方却提出要涨价，没有痛快地卖给我们。廖诗权向滕代远建议：是否向第三国订货，把风吹给苏联听。滕代远听后连说："有道理，有道理啊！"随即找来武竞天副部长，请他立即约苏联使馆商务参赞见面，把此事告诉他们，请苏方考虑。这一招果然奏效，没出三天，苏联方面主动上门告知，同意按原价格供应。

当年百废待兴，但当武汉长江大桥筹建的消息传遍全国时，全国人民掀起了一阵参建热潮。当时大桥建设急需一大批身强力壮、素质好的棒小伙，用肩挑手抬、人扛车推的土办法浇筑每一块混凝土。许多农村来的青年热情高涨，特别是来自湖北偏远地区黄陂县的青年热情最高，他们或集体或个人踊跃报名，来到大桥工地，不计报酬，吃苦耐劳，为大桥建设奉献上他们的青春。

在大桥建设中的混凝土工，日夜挑土打水泥桩子，奋战在桥墩之上，在直径1.55米普通钢筋混凝土大型管柱基础施工、管柱钻孔和128米跨度钢梁架设中显身手。严寒的冬天，在水中4号墩的施工中，由于发生水下钢围堰透水事故，在苏联专家的协助抢险下，指挥部指派青年突击队下到十几米深的水中护筒底层，用全国各地民众自发捐献的新棉被堵塞漏水的裂孔和管涌，为了祛寒和壮胆，青工们喝了壮行酒后下到深筒内，在抢险中有人因缺氧窒息昏迷，被紧急送往设在汉阳西大街的临时医院抢救后脱险。

1957年9月25日，武汉长江大桥全部完工，并于当天下午举行正式试通车，10月15日，大桥正式通车。建成的武汉长江大桥正桥8墩9孔，每孔桥跨128米，正桥长1156米。桥墩基础施工采用"管柱钻孔法"，开创了中国建桥史上的新工艺。正桥钢梁由平弦菱形连续梁组成，钢梁设计3联，每联3孔。钢梁制作精确，由两岸平衡悬臂向江心拼接合龙。连续梁由一组绞式固定支座和三组辊轴式支座支撑。在最高洪水位时，桥下净高18米，可满足上行大型轮船的通航要求。

汉阳岸引桥长303米，有17孔；武昌岸引桥长211米，12孔。引桥每孔跨度不超过17.2米，均为钢筋混凝土门式拱桥。连接正桥与两岸引桥的桥台为8层楼式桥头堡，第8层在公路桥桥面两侧各设一对仿古双檐小角亭，成为桥头

武汉长江大桥

附近黄鹤楼与晴川阁之间的联结点。桥面上下两层。下层设铁路双轨，南北列车可同时对开。两侧有2.25米宽小道，专供大桥养护人员行走。上层为公路桥桥面，车行道宽18米，可并行6辆汽车，其两侧人行道宽2.25米。正桥人行道外缘为铸铁雕花栏杆，图案有丹凤朝阳、孔雀开屏、雄鸡报晓、鸟语花香、菊黄蟹肥、石榴结籽、猕猴摘桃、鱼跃荷香等。

大桥人行道内缘后来增设了钢筋混凝土结构的防撞护栏。每隔

32米矗立一对灯柱，兼做无轨电车供电线路的支架。入夜成串的桥灯远望如过江银龙，壮丽奇绝。大桥管柱基础、墩台、梁体及铁路联络线由铁道部大桥工程局施工，公路桥桥面及两岸引道由武汉市建设局协同施工。大桥工程耗用混凝土和钢筋混凝土12.63万立方米；安装钢梁24372吨；打入钢筋混凝土管桩3000根，总长62.5千米；直径1.55米的钢筋混凝土管柱224根，总长3752米。总结算投资1.38亿元，大桥主体工程投资7189万元。公路桥桥面由武汉市建设局负责维修管理，其余均由郑州铁路局武汉长江大桥桥工处维修管理。

经过30多年运行检验，虽因航运事故大桥钢梁严重受撞两次，桥墩受船舶撞击多达50次，正桥的稳定性仍然良好，在交通量逐年增长、负荷已趋饱和的状况下，仍能保证火车和机动车的正常通行。桥梁的常年维护内容为：钢梁油漆翻新、桥面易损件翻修和桥头堡装饰层的维修。汉阳岸引桥曾发生过严重的病害，经维修加固后趋于稳定。

大桥通车前，一列货车车厢经轮渡过江，需往返多次，最快也需5个多小时。大桥建成后，列车过江时间缩短为几分钟。大桥通车后头五年，铁路通过货运量800多万吨，货运费用的节约已超过大桥造价。公路桥部分，过桥车流量逐年增长，1988年昼夜行车已在3万辆次以上。

武汉长江大桥将武汉三镇联为一体，极大地促进了武汉的发展，不仅改变了民众的出行和生活方式，而且为那个年代的武汉人民烙下了深刻的印记，成为武汉市最著名的城市标志之一。这座万里长江第一桥的修建，为后来长江各处修建大桥积累了成功经验，培养造就了大批建桥骨干。

32　　　　　　　　欧亚两洲一桥跨

◇ ....

　　博斯普鲁斯在希腊语中是"牛渡"之意。传说古希腊万神之王宙斯，曾变成一头雄壮的神牛，驮着一位美丽的人间公主，从这条波涛汹涌的海峡游到对岸。海峡因此而得名。

　　博斯普鲁斯海峡又称伊斯坦布尔海峡。在伊斯坦布尔，当地人经常会说"我在亚洲"或者"我在欧洲"。其实这是因为著名的博斯普鲁斯海峡把土耳其一分为二，西北面的大陆为欧洲，也是当年的君士坦丁堡地区；东南面的亚洲，则是奥斯曼后来发展起来的新城。海峡北连黑海，南通马尔马拉海和地中海，把土耳其分隔成亚洲和欧洲两部分。海峡全长30.4千米，最宽处为3.6千米，最窄处708米，最深处为120米，最浅处只有27.5米。

　　博斯普鲁斯海峡是沟通欧亚两洲的交通要道，也是黑海沿岸国家出外海的第一道关口。由于两洲各国间的商贸等各种交往随着人类文明的发展不断增多，它的地理位置尤具战略意义。公元前 5 世纪的波斯帝国国王大流士一世率领军队西侵欧洲时，曾在博斯普鲁斯海峡上建造了一座浮桥。东罗马帝国时期十字军东征时，曾乘船渡过这里，直逼耶路撒冷。

著名的博斯普鲁斯海峡大桥横跨欧亚大陆，所以又称为欧亚大桥。大桥兴建于 1968 年，修筑在博斯普鲁斯海峡最窄处。大桥正中有一道白线，白线以东是亚洲，以西则是欧洲。大桥在 1973 年 10 月，土耳其建国 50 年纪念日的翌日正式通车，也被称为"第一博斯普鲁斯大桥"。在建成之初，它是世界第四大吊桥、欧洲第一大吊桥，由于成功连接了欧洲和亚洲，被称为"全世界唯一横跨两个大陆的大桥"，也是世界悬索桥发展第三次高峰期的代表桥梁。

博斯普鲁斯海峡大桥全景

大桥由英国著名桥梁工程师福克斯设计，借鉴了英国塞文桥的设计理念，采用了新颖的流线型钢箱梁技术。为进一步确保桥梁拥有更稳固的抗风性能，大桥还在英国国立物理研究所进行了抗风稳定性研究。大桥长 1560 米，宽 33 米，桥面可以并排行驶六辆汽车。大桥正中有一道白线，白线以东是亚洲，以西是欧洲。这是一座吊桥，海峡两岸每边有一个"门"字形的桥塔，水中不设桥墩。整个桥身用两根粗大的钢索牵引，每根钢索由 11300 根直径 5 毫米的钢丝拧成，支撑整个桥面。西岸的桥塔重 6 万吨，东岸的桥塔重 5 万吨。可以说这样一座庞然大物，是由无懈可击的建造工艺和坚不可摧的硬件材料组成的。但据说如果桥上停满汽车，西岸的桥塔就会向里倾斜 86 厘米，东岸的桥塔会向里倾斜 90 厘米。如果碰上海面上刮大风，大桥会左右摆动一两米。不过，这些都不会发生什么危险，不必为之惊恐，对于所有能考虑到的不利情况，设计者早已在设计之初就留下了足够的安全系数。大桥的桥面离海面 64 米，各种大型船只都可以在桥下通行无阻。

这座桥上规定只行驶汽车，除了动用军警看守外，大桥至今仍不允许行人步行过桥。除此之外，这座国宝级的大桥还处处享受着非同一般的待遇，有一个由 150 人组成的维修队伍 24 小时执行大桥的维护和检修工作。这座花费了大量精力与财力建造而成的精品之桥，拥有一份让人难以抗拒的魅力。

自古以来，土耳其在亚欧两大洲之间就起着重要的陆桥作用，而它的都城伊斯坦布尔就刚好横跨欧亚，扼守海峡，自古就是"天下咽喉"。公元 5 世纪，中国的商品通过漫长的丝绸之路运到伊斯坦布尔的亚洲一侧，再用船运过博斯普鲁斯海峡，到达这个城市的欧洲一侧，然后运到罗马和欧洲其他地方。西方的货物也通过这条路运到中国。它是联系欧亚两大洲的枢纽。但由于博斯普鲁斯海峡将伊斯坦布尔一分为二，欧亚之间的交通条件一直存在制约。博斯普鲁斯海峡大桥的建成，使天堑变成通途，客货运输畅通无阻，几分钟之内乘车可以往返于欧亚之间，成为伊斯坦布尔市民和土耳其人民的骄傲，使"亚欧陆桥"的作用更为突显。

国际桥梁界曾称赞博斯普鲁斯海峡大桥是"工程与美学的有机结合"。这座闻名遐迩的双塔单跨公路悬索桥，堪称是世界悬索桥中的精品。1999年，在英国的《桥梁设计与工程》杂志举行的"20世纪最美丽的桥梁"评选中，博斯普鲁斯海峡大桥从全世界100多座桥梁中脱颖而出，以"一座令人难忘的结构物"的获选理由跻身榜单第六位。

长1560米的大桥宛若一条长虹飞架在海峡两岸，沟通了欧亚两大洲的交通和运输，方便了两大洲人民间的交流。夜晚的博斯普鲁斯大桥在各色灯光的照射下，显得愈发的美丽，它将优美的身姿展现给两大洲的人们，让人们在远处就可一睹其风采。

灯光下的博斯普鲁斯海峡大桥

　　船行在博斯普鲁斯海峡之中，眼前所见是深蓝的海水、翻飞的海鸥、两岸红色的屋顶、远处起伏的山丘。夕阳西下时，和伙伴们一起在博斯普鲁斯海峡边，看着对岸窗户在落日余晖的映照下反射出点点橘红，你会理解为何这样一个非凡性感的海峡，成就了世界上最美丽的城市——伊斯坦布尔。任何一名旅行者都会爱上这个充满神秘的欧亚交会点，这个被历史厚爱的城市。

　　土耳其著名诗人奥古兹姜曾说：世界上如果有一见钟情的话，我知道，无论你走到哪里，那一定是伊斯坦布尔。这座充满帝国遗迹的城市，以其独有的历史风情曾在美国国家地理杂志评选的"一生中最值得去的50座城市"中排名第二。来到伊斯坦布尔，一定不容错过的除了最著名的古建筑蓝色清真寺和圣索菲亚大教堂外，还有一个就是博斯普鲁斯海峡大桥。

　　漫步在博斯普鲁斯海峡沿岸，古老帝国遗留下的王宫傍水耸立，在两岸古堡、清真寺的映衬下，眺望着这座横亘在海峡之上壮丽的建筑物，似乎瞬间将几世纪前帝国繁荣的耀眼华丽照进了钢筋水泥的现代社会，一时之间，古与今、历史与现代，都如此真实地完美结合，形成一幅永恒的画面。若说建筑是人类文明凝结而成的音乐，那么，博斯普鲁斯海峡大桥就是伊斯坦布尔这座千年古城中，演奏出的最具生命力的现代音符。

　　博斯普鲁斯海峡大桥伴随着伊斯坦布尔古城宁静舒缓的心跳，在博斯普鲁斯海峡上空氤氲的水汽中，愈显厚重、夺目。遥望大桥，我们不禁猜想，这座承载着东西方文明、古今文化的大桥，将会再奏响怎样的新篇章？

　　当夜幕降临，华灯齐明，来往于欧亚两大洲的车辆还在博斯普鲁斯海峡大桥上繁忙地穿流，如同流通在两大洲之间生生不息的血液。40年间，车辆穿梭于此，拉近了两大洲之间经济、政治、文化的交流，也促进了伊斯坦布尔这座城市现代化和交通事业的发展。据统计，在大桥通车后的六年间，就有超过13131万辆机动车通过大桥，最初设计的每天12万的车流量在通车后的十年间已达到饱和。到了20世纪80年代初期，为减轻博斯普鲁斯海峡大桥的承载压力，土耳其政府修建了第二座大桥，并在不久的将来会修建更多的交通渠道，而博斯普鲁斯海峡大桥，这座已经跨入不惑之年的大桥，依旧默默地为土耳其的发展和欧亚交流注入不尽的活力。

33 随风吟奏竖琴音

◇ ······················

　　人们对卡拉特拉瓦的认识最早始于阿拉米罗大桥，这座跨越西班牙萨维利亚阿方索运河的斜拉桥彻底颠覆了人们对桥梁造型的惯性思维。作为1992年世博会的标志性建筑，阿拉米罗桥的建成不仅是卡拉特拉瓦在桥梁设计界辉煌的开端，也激励了此后大批设计师和工程师在桥梁形式上的探索。

　　人们认识阿拉米罗大桥是在1992年世博会，没有1992年世博会，就不会有现在的西班牙第三大城市塞维利亚，更不会有被誉为载入历史的世界十大顶级豪华艺术建筑之一的阿拉米罗大桥。阿拉米罗大桥是世界著名的无背索斜拉桥，与巴黎埃菲尔铁塔、布鲁塞尔原子球、大阪太阳塔等并列，被誉为世博会一百多年历史上七大经典建筑之一。

阿拉米罗大桥

1992年的塞维利亚世博会，被选在塞维利亚一个几乎被遗忘的岛上举办。这一决定不仅带动了当地经济发展，还对整个塞维利亚的基本建设进行重新的规划改造。为了完成从陆地到岛上的联结，当地政府决定建桥通路。整个城市街道被拓宽加长，在横穿城市的瓜达尔基维尔河上新修了六座大桥。

塞维利亚世博会为塞维利亚政府提供了改善城市基础设施和发展安达卢西亚周边地区的机会。对于设计者圣地亚哥·卡拉特拉瓦来说，这是一次实现新想法的机会。他证明了让基础设施发挥文化元素的功能，即将桥梁变为艺术是有可能的。

阿拉米罗大桥的结构非常独特。它没有一个桥墩，全长200米的桥身全由一个高142米、倾斜约58度的斜拉梁所承载，塔架上的13对斜缆支撑着桥体。这个设计创造了一种新型的斜拉桥样式，采用半边支撑的拉索结构，利用倾斜桥塔的自重代替以往的后部钢索，形成具有轻盈感的桥梁结构。卡拉特拉瓦认为塔架的倾斜角度同金字塔的坡度一致，这在某种程度上给这座桥戴上了神圣的光环。而桥的外观，如悬挂在永恒与坍塌的"富于想象的瞬间"，也使大桥显得庄严壮观。整座大桥犹如一把竖琴，典雅美观，散发着高雅的神韵。

建造塔架时，施工人员先将钢框架用大功率起重机吊到指定位置，然后将它们焊接到一起，再用混凝土浇筑加固。桥面以六边形钢制箱梁作为主脊，拉索就固定在主脊上。从主脊向两侧悬挑出的两个翼缘，成为步行道和自行车道的桥面。它的路面宽 3.75 米，比机动车道高出约 1.6 米。箱形和翼缘与悬索连接之前，通过连续的脚手架支撑在干枯的河床上。桥塔的内部有一部通往塔顶的楼梯。桥塔建造时，先用重型起重机将钢筒分段吊装上去，焊牢后再填充钢筋混凝土。桥面以六边形钢制箱梁作为主脊，拉索就固定在主脊上。从主脊上向两侧悬挑出的两个翼缘，成为步行道和自行车道的桥面。它的路面宽 3.75 米，比机动车道高出 1.6 米左右。箱形和翼缘与悬索连接之前，通过连续的脚手架支撑在干涸的河床上。大桥在 31 个月后竣工。

阿拉米罗大桥用倾斜桥塔的自重来代替后牵索，在桥塔与桥面之间建立起平衡的对应关系。这个概念可以追溯到 1986 年卡氏的一个雕塑作品"奔跑的躯干"，它是由一串斜向叠落起来的大理石方块与钢悬索构成的平衡体。

关于这座鬼斧神工的大桥还有一段小插曲。在最初的设计中，还有一座完全一样而对立在旁的桥。

奔跑的躯干

就是说，本来阿拉米罗桥是一对。但最后存在着的只有原来的一半，也正是现在的不平衡，反而成就了它独特的美。

自20世纪初以来，桥梁的设计一直被托付给路桥结构工程师，建筑师退避三舍好像已成习惯。但由于有了圣地亚哥·卡拉特拉瓦，全世界的建筑师们才忽然发现了新的课题，在20世纪90年代前后，爆发了一场将桥梁作为一类特殊建筑的设计浪潮。

卡拉特拉瓦是建筑师当中设计桥梁的领先者，尤其是在他的祖国西班牙，他留下了很多形态各异的桥。1984年，巴塞罗那成功申办奥运会之后，决定重修罗达巴赫大桥。卡拉特拉瓦独特的双拱拉索设计，让该桥从很远的地方就能被识别出来，使得罗达巴赫拱桥成为该城市的一个标志性建筑。继西班牙巴塞罗那罗达巴赫拱桥之后，他一发不可收拾，接连设计出阿拉米罗大桥、卢斯坦尼亚大桥、拉德维萨人行桥等一系列桥梁，并赢得了桥梁大师的美誉。

卡拉特拉瓦1951年出生于西班牙瓦伦西亚的贝尼马米特（Beni-mamet），瓦伦西亚悠久的文化传统和崇尚变革的社会氛围都对卡拉特拉瓦成长为世界级的设计大师有着深刻的影响。他8岁进入瓦伦西亚工艺美术学校学习美术，14岁时母亲送他到巴黎学习法语，17岁到苏黎世学习德语，在异国他乡学习语言的经历极大地丰富了卡拉特拉瓦的文化视野。卡拉特拉瓦在瓦伦西亚的专业是建筑与城市设计，而他在苏黎世从事的是工程技术方面的研究。自1979年起，他在苏黎世工大担任静力学和建造学、空气动力学和轻型结构等课程的助教，同时开始其博士论文《论空间结构的可折叠性》的相关研究。博士论文的研究成果为其后来在设计领域取得巨大的成就奠定了重要基础，标志着他对空间形态分布规律探索的成熟，其后的作品大多是在此基础上的探索与实践。《论空间结构的可折叠性》

仅仅是实现卡氏创造力的一个基本工具，利用此工具可以轻易在较短时间内创造出各种多样、新颖的形式，但是如何做到不流于形式、不受制于形式才是卡拉特拉瓦艺术魅力的深邃之处。虽然卡拉特拉瓦在瓦伦西亚的建筑学学习只有短短数年，但正是这几年的学习激发了卡氏对形式探索的兴趣。

卡拉特拉瓦酷爱自然、崇尚人体，提倡对自然进行直接观察，自然界的有机生物体成了他最广阔的创作源泉，尤其是脊椎动物的骨骼及人体运动的姿态。因此，他的设计作品也遵循着自然完美的法则，"自然本身有自己的原则，万事万物次序的原则，最重要的是自然自身化解问题的能力"，那些作品也常常被称为"复杂的生命有机体"。当然，卡拉特拉瓦设计的建筑形式并不是直接模仿生物体的样式，而是用理性的几何眼光去观察自然，发展雕塑般的空间和具有动感的建筑新形式。

结构所形成的优雅动态是卡拉特拉瓦式桥梁的特有标签，而其逻辑的美学源自卡拉特拉瓦对技术和结构的专注。卡拉特拉瓦将艺术化的结构作为主体的情感表达方式，着重发掘趋向雕塑性的结构艺术，从材料天然性质之中获取灵感，使之与新的美学意象相结合，并在实践中创造出与众不同的形象——充满结构理性激发出的灵感。早期的卡拉特拉瓦更注重形式上追求真诚、表现结构受力和材料特性。这一点在阿拉米罗大桥和毕尔巴鄂人行桥上表现得淋漓尽致。几乎每一件卡拉特拉瓦的作品从诞生之日起就饱受争议，有人认为他是20世纪理性主义的最佳诠释者，是现代主义的继承人；也有人认为表面的理智掩饰了卡拉特拉瓦建立设计个人主义的野心。且不论哪一方论点正确，卡拉特拉瓦的那些如雕塑般的作品确实在这个"混沌时期"中确立了自己的特性。

　　在卡拉特拉瓦的设计作品中，功能的需要、外形的结构以及某些细节的处理，都来自其敏感的艺术嗅觉，他的作品有明显的意识流特征，是情感的自然流露。卡拉特拉瓦赋予他的作品以灵魂，艺术的意志力是他的作品本质。

　　卡拉特拉瓦的设计作品主要分布在欧洲，特别是西班牙和瑞士，一个是他的故乡，另一个是他的第二祖国，这两个地方几乎集中了他所有最著名的作品，而他艺术思想的形成与这两个地方的文化根植息息相关。

34   骇浪惊涛东海浅

◇ ·················

在很长一段时间，我国长三角地区由于缺乏一个具有国际竞争力的集装箱枢纽港，导致因经济增长而新产生的大量远洋集装箱货源不得不到周边国家和港口转运，这对于优化物流体系、提高综合国力和国际竞争力以及经济效益十分不利。

上海港初具成为国际集装箱枢纽港的条件和基础，关键是缺少深水港。2000 年，上海港货物吞吐量达 3.8 亿吨，位居世界第二位，国际集装箱吞吐量更是迅速增长。因此，跳出长江口，在最临近上海大陆的大小洋山建设深水港已刻不容缓。

1995 年，上海市将深水港选址列为十大调研课题之首，深入长江口、杭州湾海域进行调研踏勘。在中央提出建设上海国际航运中心的任务后，上海正式提出了在距上海大陆 30 千米的大小洋山岛建设深水港的设想。经过六年大量细致周密的选址、科学论证和建设前期准备，大小洋山最终被确定为上海国际航运中心集装箱深水枢纽港合理的新港址。2001年，洋山深水港被正式列入经国务院批准的《上海城市发展总体规划》。东海大桥工程完全按照国家基建程序，立项审批，于2002年6月26日开工，到2005年12月10日建成通车，历时三年半。

　　从空中俯瞰，东海大桥如一条巨龙，蜿蜒在东海海面上，从芦潮港一直延伸到大海深处。

东海大桥全貌

　　东海大桥让人惊叹不已，而它的施工过程充满艰辛和风险。当时建设东海大桥面临三个主要困难：一是作业环境和作业条件非常恶劣，施工地点水域开阔，绵延30多千米的桥址，前后均无屏障，常年受风、流、潮、浪、雾、雨等复杂的海洋天气交叉影响，可施工时间严重不足；二是设计标准和施工能力严重不足，由于是第一次建设跨海大桥，从设计到施工都缺乏可供参考的技术规范和标准，加上国内已有的水上施工装备的数量和能力，都仅能适应在江河里施工，无法满足海上施工抵抗大风大浪的要求；三是安全和质量风险非常大，大桥工程内容多、规模大，从基础打桩到上部结构吊装，全部在海上或船上作业，大量施工人员、船机设备的安全保护，是整个施工建设的关键。

施工时，先在空茫茫的大海上打入2245根钢桩，等所有的海面下施工完成后，再在海上"搭积木"。打桩船在海上锁定打桩点，将钢管桩按照从陆地到海洋再到岛屿的顺序，并依照桩基点的关键性，一一打入海底岩层。接着，从海底到海平面以上，以稳定的桩基为基础，利用海上浇捣船，采用防腐钢筋和特殊混凝土浇筑起一个又一个巨大的桥墩。林立的桥墩现出海平面后，无数的大小船只穿梭于海上，运输大量在后方预制完成的桥面梁（主要为单箱预应力混凝土箱梁），依靠海上大型起重吊装船只，将这些梁一一提升、平移，架设就位。在桥面梁的架设过程中，还涉及主跨420米的双塔单索面斜拉桥海上合龙等问题。当然，实际施工场面绝不像"搭积木"那么简单，每一天的施工状况都要依照海上气象、水文、风力、潮流等综合因素而定。施工繁忙阶段，穿梭往来于施工海区的各种施工、配套、后勤、指挥、协调、保卫船只超过1000艘，施工难度超乎想象。

建成后的东海大桥始于上海市浦东新区（原南汇区）芦潮港，终于浙江省嵊泗县小洋山岛，长32.5千米，按双向六车道高速公路标准设计，桥宽31.5米，设计时速80千米/小时。大桥由七部分组成，即陆上段、浅海段、非通航孔、主通航孔、辅通航孔、近岛段和港区连接段。实际工程量：桩基9000多根，海上安装预制承台套箱700只，安装预制墩身822根，安装60米、70米预制箱梁670片，现浇50米箱梁88片。全桥共浇筑各类混凝土140万立方米，使用各种钢材50万吨。整座大桥包括两座大跨度海上斜拉桥，三座大跨度预应力混凝土连续梁桥。大桥全线设5000吨级主航通道（通航净高40米）和1000吨级辅通航孔各一处以及500吨级通航孔两处，设计每天最大通行能力是混合交通2万辆，基本能够满足2010年洋山深水港区集装箱陆路集疏运输需求，抗震烈度为7度，使用寿命100年。

要保证百年大计，防腐是头等大事。东海大桥建造在深达30米的复杂海域内，共有5697根海底桩、逾200万立方米混凝土结构。由于受海上风、浪、流、涌、雾、盐等海洋性气候因素影响，外海桥梁结构受到的腐蚀程度将大大高于内河桥梁，一般十多年就能让海洋工程混凝土开裂剥落、钢筋锈蚀，影响工程使用质量。为此，上海市建委在2000年就立项组织科研攻关，为大桥的防腐工程提供了技术"支点"。科研团队用整整三年时间，对付海水中的腐蚀性氯原子，最终完成了"寿命"高达100年以上高性能混凝土的科研攻关。他们还为东海大桥专门烹调了一种特殊的"混凝土大餐"，里面有粉煤灰、矿渣微粉，还有一些特殊的工业废料，使混凝土能经得起含氯原子海水的长时间浸泡和腐蚀，既有高强度、耐久性、抗腐蚀等特性，又易于施工。在施工过程中，建设者对东海大桥的不同的位置采取不同的防腐措施。它们的位置分别是水下区域（桩基）、水位变化区（水下桥墩）、浪溅区（水上桥墩）、大气区（桥面），对前两个区域采取特殊的应急保护办法，阻止产生腐蚀作用的氯离子侵入，同时吊装锌块，阻止腐蚀；对浪溅区域则添加钢筋保护层，为钢筋穿上"保护衣"，主要方法是在混凝土表面刷上适应海上情况的特殊涂料；对于大气区，则在其桥面板的钢结构部分添加铝等防腐物质等。未来，科研人员还准备在桥上安装一系列传感器，定时取样，跟踪混凝土的"一举一动"，从而提前感知混凝土是否过度疲劳，并根据预案及时采取不同措施，确保"百年之桥"名副其实。

　　大桥的照明工程是一个整体，应有统一的风格，相互协调。照明设计就是利用照度、亮度、颜色的良好搭配，通过明暗、强弱、大小、高低和疏密的对比，平缓过渡，点面结合，形成节拍协调的整体旋律，体现现代气息，展现中国第一跨海大桥的风貌。但建设东海大桥的主要目的是满足交通功能的要求，由于东海大桥特殊的地理位置、空间的制约和设计理念的影响，不可能给照明设计留下太多的余地。设计者仍然通过恰当的照明手法充分体现了东海大桥的立体感，表现出大桥美丽的神态，使蜿蜒伸展的东海大桥与波涛汹涌的大海形成一个动静结合的有机整体，把欠美的地方淡化，使美的地方更加突出。

东海大桥上

大桥护栏高度达1.4米，而一般高速公路的护栏高度仅为80厘米。这是因为设计人员经过大量模拟测试，发现集装箱撞击护栏一般不会车头直接撞击，而是车辆侧面对护栏形成15°角度撞击，并可能在短时间内对护栏进行两次撞击。为此，建设者根据集装箱卡车的车形特点，用特殊钢材制作防撞护栏，保证护栏被撞击后不会断裂。

此外，一旦桥面上有车辆故障抛锚，会立即被全程监控的探头捕获，控制中心会派遣救援车辆以最快的速度抵达现场，救援队配备有牵引车、救火车。另外，在大桥上每隔3千米就设置有救援电话。

长虹卧波的东海大桥的建成，对上海的意义非同寻常。它为上海面向大海、面向世界，实现打造一座"世纪城市"的梦想做出了贡献。

35　建筑美学树典范

◇ ……………………

　　在丹麦鹿特丹市，有一座全长2631英尺（约802米）、不对称桥塔高456英尺（约139米）的大桥，雪白的桥身修长挺拔，像一只优雅的白天鹅高贵地游荡在马斯河上，因而被称为"天鹅桥"。

　　这座斜拉索桥叫伊拉斯谟斯大桥（Erasmusbrug），它连接着鹿特丹市的北部和南部的Kop van Zuid，钢索悬挂在塔门上，弯曲着抵抗拉力，支持着桥身。看看下面这张图片，像不像少女的玉足，轻轻一挑，足尖直指苍穹？自1997年起，这座桥就成为世人赞美的目标，它不仅是世界上最长的斜拉索桥，也是荷兰最高的桥。

　　大桥拥有数条大道，车辆、电车、脚踏车、行人及溜滑板的运动人士都可以自由通行，可谓荷兰人的实用主义精神的杰出代表。南端的可开启跨长292英尺（约89米），桥跨开启后可方便进出港的船舶通过。这是西欧最大、最重的开启桥，其桥面板也是世界最大的。1996年9月6日，贝娅特丽克丝女王宣布建设投资超过1.63亿欧元的大桥正式开通。此后不久，1996年10月，大桥被发现在特别强风条件下桥梁发生摆动。为了减少颤抖，安装了高效避震阻尼器。

天鹅桥

这座大桥外形是由年轻的阿姆斯特丹建筑师本·范·伯克尔（Ben Van Berkel）设计的。本·范·伯克尔以他卓越的才华，突破了单纯功能建筑的概念，用这座桥梁创造出了建筑史上的艺术品。

本·范·伯克尔曾就读于阿姆斯特丹里特韦尔（Rietveld）学院和伦敦建筑协会建筑学院（AA）。1988年，他和艺术历史学家卡罗琳·博斯（Caroline Bos）共同创立了UNStudio建筑事务所。1996年，他参与伊拉斯谟斯大桥的外形设计，这深刻地影响了他对当代建筑的理解，从而形成自己独具一格的风格，亦成为UNStudio营运理念的基础。他在许多知名的大学担任过客座讲师，与他人合作撰写了大量论文和专著。他目前是德国法兰克福国立造型艺术学院概念设计系的教授和建筑学院院长。本·范·伯克尔凭借其对空间构造的超卓、尖端视野，被誉为建筑界先锋，是当今建筑界备受推崇的灵魂人物及权威。他的作品范围广泛且遍布全球，当中包括大型桥梁、博物馆项目及住宅项目等。

本·范·伯克尔认为现在许多建筑师欲通过建造地标性建筑来弥补城市的不足之处是一件非常危险的行为。他认为建筑师和城市建设者应该承担一定的社会责任，必须谨慎看待那些美丽的建筑，建筑本身应为解决实际社会问题做出贡献。

36　现代桥梁攀高峰

◇ ···················

　　加拿大有一个美丽的传说：上帝把一点土放在波涛汹涌的大西洋中，这点土变成了一个小岛，像一个波浪中的摇篮。当地原住民印第安人称它为"阿拜古威特"，意思是"浮于波浪上的摇篮"。后来，为了纪念英国女王伊丽莎白二世的父亲、乔治五世的儿子爱德华王子，将这个岛命名为爱德华王子岛。

　　爱德华王子岛，也许大家对这个名字并不是十分耳熟，其实，这个岛就是拍摄电视剧《清秀佳人》的地点，看过这部电视剧的影迷们一定对岛上清新的风光印象深刻吧。当然，岛上首选的旅游胜地就是故事中女主角安居住的"绿色庄园"。

　　爱德华王子岛位于加拿大东岸，是加拿大本土之外悬于海上的孤岛，也是加拿大最小的省。在联邦大桥完成之前，除了飞机，爱德华王子岛只能以渡轮与外界联系。爱德华王子岛是以农业为主的小岛，但做事却极有远见与气魄，为了解决交通问题，有人提出建海底铁路隧道的构想，有人则提出造跨海大桥，最后当然是跨海大桥的意见胜出。不过，当他们提出这个大胆的构想时，对岸的新不伦瑞克省反而却步，认为难度太大，很难实现。因为桥址所在的诺森伯兰海峡长约300千米，最狭处宽约13千米，冬季气象条件非常恶劣，冬季冰封厚约1米，初春浮冰厚约0.3米、直径约120米。风、浪、水流使流冰破碎、重叠堆积，小块流冰在上，大块在下，重新冻合，形成新的冰凌，直径约50~75米，冰凌核高可达2.5米，冰凌流速约2米/秒。桥址处水深最大36米，水下有泥岩、砂岩中夹黏土层，上为冰河期沉积，厚1~13米。

连接诺森伯兰海峡两端的设想，最早可以追溯到1870年爱德华王子岛开始修建铁路的时候，当时计划挖一条隧道连接王子岛和大陆，但是未能实现。20世纪五六十年代设想又重新提起，不过民众的支持度随着联邦对跨越海峡渡轮的补贴力度而起起落落，方案也是在桥梁、隧道、大堤间来回摆动，一直定不下来。很多岛民担心大桥建成了会影响他们旧有的生活方式，强烈反对。直到20世纪80年代弄了个全民公决，因59.4%通过，才把这个事儿定下来。

爱德华王子岛从1993年开工建设联邦大桥，投入了8.6亿加元建桥资金的绝大部分，调集了6000人参与建桥，前期的工作主要在陆地上进行。从1994年到1996年夏天，用了一年多的时间浇筑桥梁组件。1994年的秋天桥梁组件开始吊装搭建，到1996年的秋天搭建完成。然后是道路铺设、收费站建设等等工作，1997年春天大桥开始投入使用，整个工程花费10亿加元。

联邦大桥

　　建成后的联邦大桥是当时世界上最长的跨洋大桥，它长12.9千米，是把加拿大袖珍省与北美大陆连接起来的公路大桥。大桥仅有双线车道，没有分隔带；车道宽3.75米，禁止超车；路两侧有路肩，宽1.75米。通常桥上限速是每小时80千米，以此速度行驶，过桥约需10分钟。大桥使用了65个桥墩，水面与桥面的距离约为61米，便于大型船只通过。为了减小水和风的冲击力，还设计了三个转折弯道，因此联邦大桥并非笔直地横跨在海上。

　　由于长年有风雪、大浪击打桥身，迫使工程使用的混凝土强度比一般的高60%。该桥采用超大预制块技术，被世人称为"现代桥梁工程巅峰之作"。这一划时代的大桥在超大预制块的设计、结构技术方面，创造了许多的世界纪录。

　　开车驶上联邦大桥，桥的护栏很高，阻碍了人们观赏桥下风景。但护栏高度是经过精心计算和测试选取的，海面上风有时会很大，这个高度可以保证行车的安全。

　　有人说联邦大桥收费真高，一次就收40多加元。这个也是无奈之举，王子岛总共人口才14万多，修这座大桥花了超过10亿加元，要是让全体岛民买单，他们怎么买得起？政府一下子也掏不出这么多钱来，于是，大桥由一个私人财团出资修建并经营，政府用原来每年补贴渡轮的钱，逐年偿付建造费用，直到2032年付清后大桥才由政府收回。

　　大桥的命名有过一番争论。开始连接爱德华王子岛的项目，名叫"纽带"（Fixed Link），用这个作为大桥的名字不太合适。后来项目的名字"诺森伯兰海峡跨越计划"，也不好叫成大桥的名字。于是政府选择了"联邦大桥"（Confederation Bridge）这个名称。另外，岛民的意见也有道理：岛上叫联邦的地方不少了，比如演艺中心——联邦艺术中心（Confederation Centre of the Arts），购物中心——联邦购物中心（Confederation Court Mall），自行车小径——联邦小路（Confederation Trail），还有联邦诞生地——省议会大楼，所以岛民倾向于用当地的名字"Abegweit"来命名，这个名字既是大桥所取代的轮渡的名字，又是土著人对王子岛的称谓——"波浪中的摇篮"，多浪漫且富于当地特色！然而，时值魁北克独立闹得正欢的年代，虽然最后的全民公决结果，反对分家的势力险胜，但是惊魂未定的政府心有余悸，说大家别争了就这么定了，就叫"联邦大桥"吧。于是，名字就这么敲定下来了。

　　大桥建成后的1997年，前来爱德华王子岛的游客从上一年的74

万人暴涨到 120 万人。之后回落，稳定在现在的每年 90 万人。人数虽然上涨了，但是由于现在交通方便，很多人来王子岛的旅行改为"一日游"，比如来自哈利法克斯或者蒙克顿的旅游者很多选择当天往返，这让爱德华王子岛的居民很失望。爱德华王子岛为了吸引游客，不得不开发些高端的旅游项目比如高尔夫。联邦大桥为爱德华王子岛送来了越来越多的游人，旅游业成为爱德华王子岛经济中最重要的部分之一。岛上那在蔚蓝的大西洋包围中罕见的红色沙滩，断壁残垣般矗立的红砂岩海岸，一望无际的绿油油的土豆田，宁静如画的小农庄以及闻名遐迩的通红的美味大龙虾，使这里成为加拿大人和世界各地游客寻找的梦幻家园。

37　铁索长横藐台风

◇ ⋯⋯⋯⋯⋯⋯

1955年5月11日凌晨5时，一艘载着180多名乘客的"日云号"轮渡，在薄雾中从神户出发，穿越明石海峡，到对面的九州岛上去。不幸的是，6时45分，"日云号"和另一艘轮渡发生严重碰撞，致使168名乘客死亡，数十人受伤。

在这次事故中，神户的一位贫民——61岁的加藤托本失去了他唯一的儿子——13岁的小加藤，这对于加藤托本来说，犹如灭顶之灾，因为他之前患有不育症，小加藤是他好不容易才要来的孩子。

但就在其他死难者忙于与日本政府就赔偿抚恤金的多少展开争论时，加藤托本却做了一件出人意料的事——强烈要求日本政府在神户和日本四岛之间建起一座桥梁，以避免今后类似"日云号"悲剧的发生。

但这个要求，在当时的日本政府看来，简直是天方夜谭，不可能做到，因为明石海峡的平均深度为110米，中心最深处则为160米，而且终年水流湍急，每天都有上千艘船只在海峡里航行，在这样的条件下建设桥梁难于上青天。

更麻烦的是，如果要建桥，桥身的跨度将要达到2000米才行。而最难克服的障碍则是，日本是一个多震、台风频发的国家，大大小小的地震和台风随时发生，如果在大桥的建造过程中，桥的各个构件还没有连接形成一个牢固的整体时，任意一次较大级别的地震或台风，都能让大桥毁于一旦。

但是，加藤托本却根本听不进日本政府对此所做的符合事实的解释。他认为，只要政府以人为本，下定决心，就一定能攻克不利于建桥的各种困难！因为，解决这些困难要远比避免"日云号"这类灾难的发生更容易。

从这之后，"固执近乎到疯狂"的加藤托本每半个月都要去东京一次，一直持续了四年。他向日本政府反复递交自己的申请书，陈诉建桥的意见，期间，他还不断给当时的日本天皇和正副首相写信，弄得他们头痛不已。

不得已，日本政府只好让有关部门先做建设大桥的预算，结果是惊人的43亿美元，在20世纪50年代，这绝对是一笔巨资。得知这一消息后，加藤托本依旧觉得日本政府能拿得出这笔钱，并且主动将自己获赠的4万多美元赔偿抚恤金全部捐出来，作为大桥的第一笔修建资金。

最终，日本政府被加藤托本的"固执"感动了，再加上此时四岛的居民要求建桥的呼声越来越高，于是在1960年3月下定决心建桥，并正式组建桥梁设计队伍，开展先期的技术攻关。同时，应加藤托本要求，政府向已经是65岁的他写了一定建造大桥的承诺保证书，首相岸信介亲笔在上面签字。

直到此时，加藤托本才长长地出了一口气。三年后，他含笑长逝。

老人去世25年后，所有技术难题都被攻克。1988年5月，大桥正式开建。

1996年9月18日，大桥正式合龙，这天距离"日云号"失事已达41年。在当天的合龙仪式上，大桥的总设计师北川臣说了这么一句话："这是为完成一个老人的无私心愿而建起的一座前所未有的丰碑！"

现在，每天有超过2.5万辆汽车通过这座大桥，极大地方便了四岛上的居民。而当年"日云号"的事故再也没有重演。

今天，大桥成为日本的骄傲，标榜在人类桥梁建筑史上。

这座大桥就是世界上目前最长的吊桥——日本明石海峡大桥。

明石海峡大桥

明石海峡大桥位于本州岛与四国之间，是连接日本神户和淡路岛的跨海公路大桥，它跨越明石海峡，是目前世界上跨距最大的桥梁及悬索桥，也是世界上最高、最长、造价最昂贵的悬索桥。大桥于1988年5月动工，1998年3月竣工，日本皇太子夫妇出席了通车仪式，该桥是联结内陆工业中心的重要纽带。它跨越日本本州岛和四国岛之间的明石海峡，最终实现了日本人一直想修建一系列桥梁把四个大岛连在一起的愿望，创造了20世纪世界建桥史的新纪录。建桥总投资约40亿美元。

大桥全长3911米，主桥墩跨度1991米。两座主桥墩海拔297米，基础直径80米，水中部分高60米。大桥为三跨二铰加劲桁梁式吊桥，桥宽35.5米，双向六车道，设计时速100千米。可承受里氏8.5级强烈地震和抗150年一遇的80米/秒的强台风。两条主钢缆每条约4000米，直径1.12米，由290根细钢缆组成，重约5万吨，被称为大桥的生命线。大桥首次采用1800MP级超高强钢丝，使主缆直径缩小并简化了连接构造，首创悬索桥主缆，这也是第一座用顶推法施工的跨谷斜拉桥，由著名的法国埃菲尔集团公司承建。大桥共用钢丝长度约30万千米，相当于绕地球七圈半。桥两端固定主钢缆的锚定墩是重达35万吨的钢筋水泥建筑。

明石海峡大桥拥有世界第三高的桥塔，高达298.3米，仅次于法国密佑高架桥（342米）以及中国苏通长江公路大桥（306米），比日本第一高楼横滨地标大厦（295.8米）还高，甚至可与东京铁塔及法国埃菲尔铁塔相匹敌。

两个主桥墩建在水深、潮急的沉箱基础之上，而两岸庞大的锚碇基础则分别使用了不同的新技术。全部基础均采用最新的抗震设计理论精心设计，以抵抗该地区经常发生的强度地震。另外，施工中还大量使用了新型低热水泥以及掺和各种混合料的混凝土。钢结构的桥塔在结构上采取了良好的制风振措施。

1988年5月正式动工兴建以来，大桥经受住了许多考验，这其中包括1995年1月17日的阪神大地震。大桥原设计为全长3910米，主跨径1990米。1995年1月17日，日本神户一带发生里氏7.2级大地震（震中距桥址才4千米），大桥附近的神户市内超过6000人丧生，10万幢房屋夷为平地，但该桥经受住了大自然的无情考验。地震后经过详细测算发现，两个主桥墩的间距增加了0.8米，淡路岛与桥墩的间距增加0.3米，大桥全长比设计增加1.1米。在工程验收检查时，本州四国联络桥公团决定，把大桥长度公开发表的数字改为3911米。这样，明石海峡大桥在建设中就把吊桥跨度的世界纪录身不由己地提高了1米。特别值得指出的是，该桥在约十年的建设期内没有发生一起重大工程事故。

大桥也是受自然条件和人为因素影响的"生物"。桥面中心比两端高40米，距海面约100米。桥身呈拱形，一是为了防止堵车时桥身受重塌腰；二是为了便于大型船只通过桥下；三是为了应付气温上升后主钢缆热胀拉长引起的桥身下摆。据说，由于重量、温度变化等原因，桥身中央升降幅度约8米。大桥不仅桥身是运动的，支撑钢缆的主桥墩也处于动态之中，伴随着桥身下摆，两个主桥墩的顶部会"相互点头致意"，其幅度约为20厘米。

如今，每晚有1737只彩灯以28种照明组合变换将明石海峡大桥装扮得色彩缤纷，大桥仿佛一串绚烂珠链横跨海湾，由此而得"珍珠桥"的美名。桥头这端有150米长的海上游步道，以展望大厅隔开为两段，穿过透明的圆形通道，可看到大桥复杂的结构。大厅中央有纪念品贩卖处，旁边设欣赏海景的餐厅，供应西式餐饮。长长的吊桥耸立在朦胧的海上，虽是钢筋铁骨打造，却诉说着浪漫柔情。桥身一部分走道使用钢化玻璃，俯身看下去，似踏浪而行，让游客真切地体验到海上吊桥漫步的感觉。轻盈纤细的桥体，就像少女伫立海中。众多观光设施，使得这里成为广受欢迎的旅游胜地。

世界最强级的阪神大地震也未能将其撼动，可见其卓越的设计与施工水平。它的存在使从大阪、神户开车到四国地区交通越来越方便。明石海峡大桥促进人、物以及信息的流动，为神户地区周边的经济发展带来极大的贡献。据估计，这座大桥的通车给神户市带来的经济效益高达每年341亿日元。

38　点水蝴蝶双翅摇

◇ ....

　　在静静流淌的泰恩河南岸，有一个位于英格兰东北部的旧工业城镇，叫盖茨黑德。工业革命时期，该地区曾辉煌一时，成为英格兰北部煤炭出口的主要港口之一。但从20世纪70年代起，随着北部煤矿纷纷关闭，盖茨黑德的经济也进入衰退时期，成为英格兰人均收入最低的地区，许多家庭依靠政府救济，失业率居高不下，年轻人纷纷离乡寻求发展机会，盖茨黑德的辉煌不复存在。

　　后来，为了改变盖茨黑德的形象，盖茨黑德市政府制定了凭借文化艺术重振城市的发展规划，大力兴建文化工程，打造城市新形象。短短十几年间，盖茨黑德旧貌换新颜，以崭新的姿态出现在世人面前。

　　现在，进入盖茨黑德市，首先映入眼帘的是一座美丽而外形奇特的桥。索塔和主桥宛若一只蝴蝶，还像一个巨大的眼睑，当地人亲切地称这座桥为"眨眼桥"。这是一百年来在泰恩河上建设的第一座开闭式大桥，更是世界上第一座（也是唯一的一座）摆式大桥。

这座桥是盖茨黑德千禧桥（Gateshead Millennium Bridge），又名盖特海德世纪大桥，是英国的重要交通线和观光景点，是世界上首座旋转开放式步行桥。它于千禧年时（2000年5月）建成开通，英女王曾亲临现场参加开通庆典。桥长126米，宽8米，桥的规模不大，但造价极高，花费近3000万英镑。修建桥梁的资金，一部分来自国家彩票发行中心。这座桥获得了2002年度皇家学院标志性建筑年度大奖。

提升起来的千禧桥

在欣赏艺术品完毕后，再细看这座桥的结构，发现这座大桥是由两部分组成：一条像彩虹般横跨泰恩河的固定拱门，一个能往上旋转提升45度角的圆弧形步行及自行车专用桥。这座桥的桥架呈倾斜半月形，一根根竖着的钢丝绳使桥看上去像一个大型乐器，很有造型感。这个能旋转的弧形步行桥，平时水平地横跨在河面上，供两岸的行人来往。普通大小的船只可以直接从桥下面通行。遇到特别高大的船只不能直接通过时，这座弧形旋桥可以往上提升45度，这样一来，大船就得以顺利通过。升到顶部时，索塔和主桥宛若一只点水蝴蝶的双翅。这样的开闭式实在罕见，以致游客到此地无不前来观赏。这座旋桥的一开一合，恰似一位美人对着河两岸的城市情人在款款深情地眨眼，"眨眼桥"的雅号就是由此得来的。有些人在千禧桥边流连了很久，很想看到桥是怎样眨眼的。但是愿望没实现，因为桥的"眨眼"是有规定时间的。

如今，在宽阔的有如镜面的泰恩河河面反射映衬下，桥梁的下侧部位被照得熠熠生辉。不过值得说明的是，由于桥梁的所有照明设备都被安装在桥梁的正面上侧，夜间来临时，就将这座建筑物的轮廓和气势塑造得更加恢宏。在灯光的雕塑下与满天的繁星相互辉映，极佳地体现出了现代照明技术与艺术相互融合的独具魅力的效果。大桥会不断变换色彩，仿佛在泰恩河上架起的彩虹。为了配合大桥的观光效果，盖茨黑德市政府还在桥畔建设了歌剧院和美术馆等文化设施。

39　百年工程筑水桥

◇ ⋯⋯⋯⋯⋯⋯

如果桥上走的是船，相信大多数人都会惊讶，难以相信。但在德国就有这样一座桥，桥面既可以供行人、车辆通行，也可以行船荡舟，它的名字叫马格德堡水桥。而马格德堡水桥主要是为了让船舶通航。马格德堡水桥创造了世界桥梁史上的一个奇迹。

这是一座桥中桥，或者，可以称其为渡槽。确切地说，这座桥中间行船，两侧留出通道供行人和非机动车通行。所以，德国马格德堡水桥也称跨河水道。这座奇特的桥中桥连接着德国两条重要的航运运河：易北—哈维尔运河和马格德堡附近的米特兰德运河，并直通德国工业重镇鲁尔山谷的中心地区。

易北河在马格德堡和两条大运河相交，一条通柏林，一条通莱茵。易北河的水位比两条运河都要低，开通运营之前，在米特兰德运河和易北—哈维尔运河之间运行的船舶不得不绕道12千米，通过易北河罗腾湖船闸和涅格利普船闸通行。两个转弯都很急，易北河的水位一低，满载的船就过不去了，经常要费时费力地卸货重装。马格德堡水桥是用来跨越道路、铁路、河、峡谷或其他障碍而建造的结构。

马格德堡水桥全景

现在的马格德堡水桥于1997年正式开工建造，历经6年、花费5亿欧元，于2003年10月开通并投入使用。

追溯这座桥的建筑历史，我们则需把目光投向1919年。近百年之前，德国工程师就已经开始酝酿连接两大运河的计划，并形成了初步的构思。经过一系列论证，1938年，罗腾湖升船机及大桥锚碇安装就位。一个在当时看来几乎可以称为浩大的工程眼看就要开始了。当人们期待着德国创造桥梁界奇迹的时候，德国人却带给世人一个更大的新闻：1939年9月，德国闪击波兰，第二次世界大战爆发。战争几乎耗干了德国全部的精力与财力，却在1945年给了这个国家一个致命的打击。战败后，德国经济一度陷入困境。接着，东、西德分裂，不同的政体、迥异的经济发展速度，导致位于东德的马格德堡水桥建设项目一拖再拖。

1990年，东、西德国统一后，首先对公路、桥梁进行了统一编号，并重新编制道路交通重大工程规划。马格德堡水桥作为优先项目，终于再度被人们想起，并提上德国重建的议事日程。

1997年，在经过充分的准备后，连接柏林的内陆港与莱茵河沿岸港口的马格德堡水桥工程开工。这个为使运输船舶得以跨越易北河而建设的庞大的"浴缸"，共耗费了2.4万吨钢材和6.8万立方米混凝土。2003年10月，马格德堡水桥开通，全长918米。水桥开通后，船只可通过运河，大大缩短了到达鲁尔区和柏林的距离，也贯通了东西方向的水陆交通。

如今，东部的米德兰运河与西部的易北—哈维尔运河通过马格德堡水桥连接在一起，从该桥通过易北河还可到达汉堡的海港和南部的德雷斯顿，甚至捷克的一些地区。独特的地理位置，让这里成为水路、铁路和公路的交通枢纽。由于水桥位于马格德堡附近的霍恩沃特城外，恰是当地交通的集散地，各种交通设施齐聚于此，因此，水桥也被当地人亲切地称为"马格德堡水路十字路口"。

水桥作为交通设施，每天从桥上通过的船只不计其数，慕名而来的游客更是数不胜数。为方便游客，当地相关部门在水桥附近开辟了停车场，并在桥上设置了自行车道、人行道以及其他信息标志。桥的一端，一块金属牌上详细写着水桥的建筑历史。

水在桥上，桥在水中，虽然几经周折，马格德堡水桥仍不啻为桥梁界的一个奇迹。

马格德堡水桥上的游人与船只

　　但是有人不禁要问，建造这座桥是为了GDP还是为了展现其工程技术无他国可以匹敌？建这座桥，肯定是有利有弊的：首先，为了提高桥上的水位，一定要建造一个水闸；另外，肯定也限制了桥下船体高度（比如限高3米），据说货运量增加了600%，这可有根据？

　　建桥之后省了一个水闸，所以"为了提高桥上的水位，一定要建造一个水闸"这句话是不正确的。另外，印象里易北河马格德堡段货船并不多，赛艇不少，所以估计这一段不是很重要的货运河道。

　　大家在惊叹马格德堡水桥的奇异构思时，相信也会有疑问：当水桥里的船超过一定吨位后，会不会使大桥的负载过重？

　　著名的阿基米德定理——水中物体会受到浮力，浮力大小等于被物体排开的水的重力。把这个定理套用到水桥中，我们可以得出这样的结论：无论往水桥里放多少艘船，都会排出与船重量相等的水。所以水桥所承受的总重量并不会增加。另外，马格德堡水桥连通河流，水桥只是整个河道的一小部分，所以，当船只上桥后增加的重量，其实是被整条河道承担的，对水桥而言，几乎不增加压力。可以说，船只在桥上行驶，对于桥梁本身来说，没有影响。

其实，"水桥"的理念，不仅在德国得到了应用，在中国，也存在着这样的水桥。例如，位于江苏淮安楚州区的京杭运河与苏北灌溉总渠交汇处北侧的淮河入海水道上的亚洲最大的水路立交——淮河入海水道淮安枢纽工程（总投资35268万元，2000年10月由国家水利部批准兴建，2003年10月竣工，由4座大型电力抽水站、11座涵闸、4座船闸、5座水电站等24座水工建筑物组成），就是实现入海水道与京杭运河各自独流的水路立交工程。还有位于江苏滨海县的滨海枢纽立交地涵（2000年10月28日开工建设，2003年11月21日竣工验收），是淮河入海水道穿越通榆河的水工建筑物，通榆河在上，低水通航；入海水道在下，高水行洪、排涝。

40　　　　　　　天堑飞桥观景台

◇ ·····················

　　"兰卡威（langkawi）"一词是由古马来语中的鹰（helang）和强壮（kawi）合成的。马来西亚古典文学将这座岛描述为"毗湿奴的坐骑、神鸟揭路荼的休息地"。关于这座岛屿有许多传奇故事，其中玛苏丽（Mahsuri）的故事脍炙人口——被诬不贞的公主在愤然就死之前对这座岛屿发出了诅咒。为了证明她的清白，她的身体里流出了白色的鲜血，将兰卡威的沙滩染成了白色。

　　兰卡威位于马来西亚半岛西北岸外，距离玻璃市和吉打港分别是30千米和51千米左右，其主岛向来被称为兰卡威。兰卡威可能是东南亚最令人向往的自然旅游胜地，其地质学历史达5亿多年，岛上有许多奇岩怪石，令人叹为观止。数量众多的岩洞内形成各种钟乳石，深深扣住爱好探险者的心弦，并显现出岩洞的悠久历史；美丽的沙滩则是热爱阳光者的好去处。兰卡威清澈碧绿的海水适合尝试各种水上运动和休闲项目，更有如梦幻般的海洋生态。而岛上最负盛名的就是世界十大桥梁中的兰卡威天堑飞桥。

兰卡威天堑飞桥

这座桥是全球最高的单体结构支撑的桥梁之一，位于马来西亚兰卡威群岛的山顶，长为125米，却不足2米宽，为半月形步行桥，建于2004年。

桥形呈圆弧状，主体由钢材料制成，特别让人觉得惊讶的是，这么个又大又重的钢架居然只用了一根支柱来支撑，支柱高87米，被固定在山腰，然后再由8根钢缆牵引，整个桥就这样最终被吊在了海拔687米的高空，连接着两个山头，这肯定是它取名天堑之桥（Langkawi Sky-Bridge）的缘故。远远看去，这座桥就好像是由一根高高的柱子支撑起来的，但是这根柱子是独立的，并没有直接跟桥接触，桥就像是悬浮于空中，够惊险吧！

这座桥因为离地面极高，而且又窄，所以要想穿过它，需要极大的勇气和胆识，然而，就是这个很有挑战性的特色，反而吸引了很多爱好冒险的游客前来观光旅游。身临桥面，探险者们可以享受到360度的全视角体验，所以目前这里已经是马来西亚的一个重要的旅游景点，不过，游客想要漫步其上，必须乘坐缆车上去。

半月形的设计让兰卡威岛及安达曼海景尽收眼底。桥中间有供游客观赏风景的三角形瞭望台，站在桥上，收入眼帘的是烟雾弥漫的山区，石灰石处处可见，青翠森林之间隐藏着壮观的瀑布和神秘岩洞，兰卡威岛上种类繁多的野生动物和植物赋予大自然爱好者美妙的景象和声音。

41　　　　　　　　海上长城永不倒

◇ ·················

　　这是一座通向一个现代奇迹的台阶。施工队仅用43个月的工期来完成这座世界上最长的桥梁。他们要迎战危险的急流、时速超过每小时170千米的狂风……这座大桥跨越的不是一条河流，而是一片海洋。

　　在2008年，一座全世界最长的跨海大桥横空出世，就像一座海上长城，卧在杭州湾的惊涛骇浪之上，5月1日正式通车。杭州湾跨海大桥全长36千米，按双向六车道设计，设计时速100千米/小时，使用年限100年。它的建成通车改变了杭州湾区域的时空概念，缩短了杭州湾两岸间的距离。以前从宁波到上海要花12个小时绕过杭州湾，大桥通车后，从宁波到上海只需两个半小时就可直达，梦想让中国两个最繁忙的城市靠得更近。而位于上海、杭州、宁波、苏州等几大城市中心点的嘉兴海盐，大桥通车后形成了一小时交通圈，成为长三角重要的交通枢纽。

杭州湾跨海大桥

　　1992年，在庄晓天即将从上海市政府领导岗位退下来之时，他回到家乡宁波北仑港考察。北仑之行，令他感慨良多。德国、日本、荷兰、新加坡、比利时等国的许多港口他都曾考察过，而北仑的天然条件并不比这些港口差，北仑港可停靠20万吨级以上船舶，又有舟山群岛挡着，港口风平浪静。当时，上海码头许多万吨轮来不及装卸，只能大量停靠在长江口，而北仑港却无货可卸，利用率不高。由此，庄晓天萌生了在杭州湾上架一座越湾通道的想法，这个通道能将上海到宁波的路线从V字形变为A字形，从而改变北仑港处于交通末端的劣势。为慎重起见，庄晓天特地咨询了时任上海市副市长的倪天增和桥梁专家李国豪，两位专家一致认为，杭州湾水面不深，在水面上架桥可行性很大。

　　1993年宁波人提出在杭州湾架设大桥时，曾被不少专家认为是天方夜谭。直到2000年的大桥可行性报告咨询会上，仍有一位专家直言："我看要研究的不是可行性报告，而是不可行性报告。"这位专家的话并非没有道理。当时跨海大桥建设无桥型方案，无造桥设备，无具备经验的施工队伍，无技术规范和质量检验标准。

而杭州湾又是世界著名的强潮海湾。这里潮大，浪急，流向多变，施工船只很难停稳；这里狂风肆虐，一年中能在海上施工的时间不超过180天；这里南岸的滩涂宽达10千米，下面还埋藏着一窝窝的浅层天然气，打桩作业危险重重。在这样的环境下施工，没有先例。

听说中国要建杭州湾跨海大桥，许多外国公司都想分一杯"羹"。其中包括美国三家桥梁建设领域的"百年老店"。这三家"老字号"有的擅长设计，有的擅长施工，经验丰富，实力雄厚，接手杭州湾大桥这个项目的迫切愿望，让他们组合在一起。

美国曼哈顿一幢高级写字楼内，这三家"老字号"的顶尖人物齐聚一堂，堪称世界造桥界最强大的阵容。可是，当专程前来咨询的杭州湾大桥工程指挥部考察团把强潮海湾建桥遇到的浅层天然气等几个难题摆上桌面时，连这些美国专家也被难住了。这让中国人明白，只能依靠我们自己的力量来完成建桥任务了。

1994年4月，由上海市宁波经济建设促进会秘书长方祖荫起草报告，正式向上海市科委、计委提交《关于建设杭州湾越湾通道工程的建议》，并抄报给上海、宁波市政府。此后，宁波市政府认真研究，论证、报批的过程经历了整整十年，2003年6月8日，杭州湾跨海大桥建设工程终于正式奠基。

打第一根桩就是个一波三折的开头。用混凝土桩还是用钢管桩？钢管的厚度是学美国人的7.5厘米，还是压制预算的2.3厘米？用围堰法施工还是用钢吊箱法？副总指挥、总工程师吕忠达凭着过硬的技术，力排众议，用最少的预算，将只有2.3厘米厚的钢管桩，用钢吊箱法稳稳地打入了杭州湾的海底里。当初坚决反对的美国专家，甚至反过来向他们要资料，要把这个成功事例写到自己的论著中。

海上无风三尺浪，何况是以风急浪高著称的杭州湾，一年几次经过此地的台风，更是给大桥带来极大的考验。2005年，"海棠"台风来袭的时候，风大浪高，海水撞击桥墩"轰轰"作响。E15平台正在施工，平台极有可能被拉垮。王广杰硬是带着二十多人不顾性命冲上去加固，用安全绳将自己绑在主桥上操作了两个多小时，终于成功排除险情。项目部党工委副书记黄光，带着在箱梁里避台风的工人，将钢筋、竹胶合板等一切能用上的东西都用上，死死地把自己"关"在箱梁里，躲过一劫。

与台风相比，遇到一些世界级的施工难题，更让人备受煎熬。大桥南岸因为滩涂面积广阔，50米箱梁的架设成了横亘在施工者面前的最大难题。中铁二局项目经理部副总工程师刘乃生为了解决该技术难题，参与设计、沟通信息、翻译国外资料、与工人沟通……短短一个月下来，33岁的刘乃生竟然花白了头发。这"一月白头"，换来的是"梁上运梁架设"的世界级创新。

2003年6月7日的杭州湾大桥奠基新闻发布会上，王勇成了中外记者的焦点。面对日本共同社对于杭州湾大桥和日本明石大桥谁是第一的质疑，王勇巧妙地用"单跨"和"总长度"的对比做出回答，让日本记者心服口服。大桥创造了六项第一：

（1）杭州湾跨海大桥全长36千米，其长度在目前世界上在建和已建的跨海大桥中位居第一。

（2）杭州湾跨海大桥地处强腐蚀海洋环境，为确保大桥寿命，在国内第一次明确提出了设计使用寿命大于或等于100年的耐久性要求。

（3）杭州湾跨海大桥50米箱梁"梁上运梁架设"技术，架设运输重量从900吨提高到1430吨，到目前为止，居世界第一，刷新了目前世界上同类技术、同类地形地貌桥梁建设"梁上运梁架设"的新纪录。

（4）杭州湾跨海大桥深海区上部结构采用70米预应力砼箱梁整体预制和海上运架技术，为解决大型砼箱梁早期开裂的工程难题，在国内第一次成功实施了"二次张拉技术"，彻底解决了这一工程顽疾。

（5）杭州湾跨海大桥采用整桩螺旋钢管桩，最大直径1.6米，单桩最大长度89米，整桩螺旋钢管桩长度在国内外桥梁钢管桩中位居第一。

（6）杭州湾跨海大桥南岸10千米滩涂底下蕴藏着大量的浅层沼气，对施工安全构成严重威胁。在滩涂区的钻孔灌注桩施工中，第一次采用有控制放气的安全施工工艺，这一施工工艺在世界同类地理条件中尚属首创。

海上观景平台是杭州湾跨海大桥的亮点之一，在大桥合龙的地方往南大约1千米处。海中平台在建桥时的作用相当于物资中转站，大桥建设所需的材料都堆在海中平台上。大桥海上观景平台由两部分组成，一个是观光塔，一个是海中平台，平台相当于服务中心，里面还建有一个酒店和一个会议中心。观光塔是一个140多米高的高塔，有三十多层楼高，人们在上面可以看到大桥的全貌。

大桥在设计时，就委托国内最好的设计单位进行了防撞设计，在建设时主要采取了两方面措施：一方面是工程措施。大桥的桥型是S型，桥头线与水流基本垂直，这使得过往船只可顺水流通过，减少碰撞。另一方面的措施是加强管理。据统计分析，已发生的大桥被撞事故中，50%是因为船员麻痹或操作不当所致，30%是天气因素，20%是船只的船机故障。只要加强管理，这些都是可以减少或避免的。

作为世界第一长跨海大桥，杭州湾大桥在建设过程中进行了大量的自主创新，而在交通设施细节方面的设计更是凸显了建设者们的良苦用心。

交通标志、标线：新材料的人性化应用。车道边缘线为外观呈梳状的标线，采用新型材料，一旦受到偏离车道的车辆轮胎滚压，就会发出"隆隆"巨响，具有提醒驾驶员集中注意力和防止疲劳驾驶的作用。

灯光设施：亮灯密度随车流量调节。大桥每盏灯上都安装了单灯控制模块，它的智能控制系统可以根据大桥上实际车流量来调整路灯亮度和路灯开启密度。这项世界独创技术，也是首次运用在道路、桥梁照明上。照明系统中还包括雾灯，雾灯数目与照明灯相当，安装在灯杆约1.6米高处，只在雾天开启。

电子监控：多项功能合一。首先是桥面监控，每隔500米就有一个摄像头，可以355度旋转，保证整个桥面没有盲点。还有一个秘密武器叫"事件监测器"，桥面上包括车辆停驶、交通拥堵、车辆逆行、车速超过极限、抛洒物、交通事故、行人进入隧道，小到违法停车、行车中向窗外扔东西这些"小动作"，都逃不过它的"眼睛"，特别是通过对火苗和烟雾的监测，能在10秒内及时发现安全隐患。

七彩护栏：为缓解驾驶员视觉疲劳，除了灯光，大桥的护栏颜色设计也充分考虑到了对司机视觉的影响。36千米的桥面被漆成了七种颜色，差不多每5千米一种颜色，从南至北分别为赤、橙、黄、绿、青、蓝、紫，如果从远处的水面上看过来，整座大桥就仿佛一条卧在海上的"七彩长虹"。

杭州湾跨海大桥桥面

普通人看大桥，看到的是美丽的风景。内行人看大桥，处处看到的是科技。我国的桥梁建设已经达到了世界先进水平，这既是国家实力的象征，也是科技进步的展现。20世纪90年代以来，我国每年开工建设桥梁一万多座，建设速度和规模世所罕见。我国拥有公路桥34万多座，过去十几年中，中国修建了比世界上任何国家都要多的桥梁。杭州湾跨海大桥标志着我国已跨入世界先进行列，我国正由桥梁大国向桥梁强国迈进。

多少次，静静地立在海堤上，看潮起潮落，任思绪飞扬。随着潮水的退去，心似乎也跟着杭州湾跨海大桥回到海的深处……

42   螺旋大桥DNA

◇ ··················

　　连接滨海湾与滨海中心的双螺旋桥被誉为新加坡的又一座地标建筑。双螺旋桥坐落于本杰明·薛尔思桥旁，衔接海湾桥，2007年3月底动工建造，于2010年4月24日正式通行，是世界上首座曲线桥。

　　该桥设计人员受DNA结构的启发，想以这座桥来表达"生命与延续、更新与成长"。该桥全长280米，宽6米，是一座人行桥，可同时容纳1.6万人。采用不锈钢钢管建造的两条螺旋曲线相互缠绕，盘旋形成长达280米的大桥核心结构，其双螺旋结构让大桥使用的钢材只有传统箱梁桥的1/5，同时也让它成为新加坡的一个新标志。桥上设有顶篷，可以遮阳庇荫，应对热带气候，尤其特别的是，桥上设有可让行人休息或眺望市景的圆形瞭望台。该处也是水上运动和烟花表演的最佳观景台。该桥设计理念是让大桥呈曲线展

现给世人，和两端的人行道连接在一起。这座桥旁边不远处有一座
新的车行大桥，桥长303米，宽近40米。

新加坡双螺旋桥

　　这座桥拥有全球首个"双螺旋"结构，是由一个以澳大利亚的
考克斯建筑事务所与英国奥雅纳工程顾问公司为代表的国际设计团
体，携手新加坡61建筑设计公司共同设计而成的。这座造型独特的
大桥设计灵感源于亚洲文化中的阴阳学说，据说可为滨海湾带来财
富、幸福与繁荣。双螺旋桥的结构组装非常精密，堪称工程技术中
的一朵奇葩。一系列的连接支柱将两个相反的螺旋形钢构件结合在
一起，造就了双螺旋桥弯曲的机构，这象征了"生生不息"、"复
兴"、"永远繁荣"以及"成长"，与DNA的结构十分相似。桥身上

有字母c和g以及a和t，代表着组成DNA的四种基本碱基，即胞嘧啶（cytosine）、鸟嘌呤（guanine）、腺嘌呤（adenine）和胸腺嘧啶（thymine），到了晚上，字母就会变成红色和绿色，绚丽无比。

设计初期，双螺旋桥工程咨询单位即选定2205（EN 1.4462）双相不锈钢牌号用于建造双螺旋和支撑结构。据了解，双相不锈钢2205具有很多优点：在新加坡的湿热海洋性气候中，这种耐腐蚀性能很高的双相不锈钢可确保在其至少100年的桥梁设计使用寿命期间，做到维护率低且美观耐用。双相不锈钢2205的高强度使设计人员能设计出重量轻、持久性好的钢结构。奥托昆普公司于2007年中标该双相钢合同，其中包括用于双螺旋的结构管材和用于各梁的厚板。2008年，奥托昆普完成供货。奥托昆普成功中标的一个关键原因在于，奥托昆普集团能为该工程项目供应所需的全系列管材和板材产品。

双螺旋桥的一部分衔接至位于滨海南岸、东岸以及滨海中心的三座海滨花园，从而形成一道连续的公共海边环道，同时也将双螺旋桥与滨海湾金沙、新加坡摩天观景轮以及海湾的多座花园连通。

大桥的五座观景平台位置十分优越，随意登上其一，您便能纵览新加坡天际线的全景风光以及海湾的活动盛况。熔块玻璃与钢化玻璃构成的天篷可为游客遮阴，休息区还设有座位。大桥也成为儿童作品的展示空间，在桥内展出了孩子们的绘画作品，供过往的行人欣赏。

在夜晚，华灯让白天硬朗的钢结构大桥展现了另一种风情，电脑控制的LED灯光使夜晚的大桥更加绚丽多彩，当您穿行于桥梁时，别样的感受油然而生。如果您想收获难忘的回忆，这座屹立于市中心的建筑奇迹一定不会让您失望。

夜幕下的双螺旋桥

　　台湾偶像剧《我可能不会爱你》选其入镜，是不是因为这种双螺旋线互相有秩序地纠缠在一起，有如男女主角的爱情呢？

　　不管如何，就像牛郎与织女要跨越银河两端的距离一样，这样的双螺旋桥，就结构上来说可不是容易的事。在设计上，结构设计者使用了轻巧的支撑，让整个桥体显得轻盈，而桥体结构上双螺旋拱与拉索所形成的悬吊张力就是利用拱的力学行为把这座桥给拎了起来，真实施工上绝对不是易事。

43 未来科技架虹桥

◇ ....

随着社会的进步、科学技术的发展，各种大胆创新的理念不断涌现，桥梁建筑模式将不断更新，桥梁结构的形式将呈现出多样化发展格局。

计算机技术的发展为桥梁结构的优化设计创造了条件，使桥梁设计人员可以对即将兴建的桥梁进行仿真分析，使不同材料的性能发挥到极致。结构动力学理论的发展与完善使设计者可以打破常规，采取特殊的结构措施，用最少的钱造出轻质、美观而实用的桥梁来。

近年来出现的FRP桥梁是指采用拉挤、缠绕、RTM（树脂传递模塑）等工业化成形工艺的高性能碳纤维、高性能玻璃纤维、玄武岩纤维等增强复合材料型材构成的具有稳定力学性能和使用性能桥梁或桥梁部件，具有工业化、标准化的特点，能满足大用量的工程建设需要。这些桥梁可称为"高性能复合材料桥梁"。

近年还出现了许多造桥的新型材料，包括各种高强度钢、玻璃钢、铝合金、碳纤维等太空轻质材料等，在混凝土材料中加入亚纳米、水溶性聚合物、有机纤维可以提高强度与耐久性。这些材料的使用使新型、大跨、轻质、灵敏和美观的国际桥梁发展新目标得以实现。

在法国，有科学家研制出了一种奇特的纸桥，这种纸桥跨度有15米，宽3米，能够通过3吨重的汽车。其实它是用一种新型纸建造的，纸里面混有金属纤维，所以强度极高。在保加利亚，还有一座通体用玻璃制成的桥，叫玻璃桥。这座桥全长12米，宽8米，载重量达18吨，每当阳光明媚时，这座玻璃桥会闪闪发光。

以上都是新型材料在桥梁建筑上的应用，而最新能够快速成型的3D打印技术，是一种以数字模型文件为基础，将计算机上的蓝图用粉末状金属或塑料等可黏合材料，通过逐层打印的方式来变成实物，利用光固化和纸层叠等技术快速成型。如果配合新型材料，那么快速打印出一座桥梁就会是未来造桥的最佳选择。而3D打印技术延伸的4D打印，通过利用记忆合金，通过软件设定模型和时间，变形材料会在设定的时间内变形为所需的形状。如果利用4D技术打印的桥梁，能够变形，水涨桥高，随着温度和季节变换，那真是让人叹为观止。

横跨山谷河流，天堑变通途，这是桥梁最基本的功能，但不一定是桥梁的全部功能。未来概念桥梁的设计也将会远远超越传统设计理念的界限，必将集合环保与人文等众多因素，下面向人们展示新型多功能桥梁的设计：

在桥面上装配太阳能电池板的太阳能风力发电桥，使得在这些意想不到的地方装配风力涡轮机成为可能，这是一个有趣的概念，如果建成这样一座桥，可以供应11.5万个家庭的用电。

一座桥可以包含各种不同的主题元素，其中包括有关娱乐的、学习的、居住的和演出的场所。塞纳河上的生活桥塔，既是桥梁，也是摩天大楼，这个超现代的建筑位于巴黎的塞纳河上，设计者表示，他的灵感来源于欧洲的可居住桥，并称这座建筑将与塞纳河完全融和，必将成为一个新的标志性建筑。

还有一座概念桥梁是为韩国汉江设计的，设计者认为它将会成为城市自身的一个必要的组成部分，桥梁内部充满各种吸引人的场馆，包括博物馆、图书馆以及IT办公室等。人们甚至可以通过水上"出租车"到达这里。这座桥梁设计的"外皮"是一层太阳能电池板，可以获取绿色的能源。它雄伟壮观的轮廓也可担当艺术作品和电视节目的背景。

谢赫扎耶德大桥

在扎哈·哈迪德为迪拜谢赫扎耶德设计的谢赫扎耶德大桥中，不对称的钢制拱形桥架像波浪一样在悬臂桥面的上下浮动前行，直达对岸。设计师表示，这座大桥是连接阿布扎比岛到内陆的主要部分之一。据说这座桥是史上最复杂的桥梁。

　　为了适应社会的发展，21世纪建成的新型大桥将"头脑"灵活，"感觉"敏捷，计算机系统和传感器系统将可以感知风力、气温状况，同时可随时得到并反映出大桥的承载情况、交通状况，桥面还将设路径传感器，客车无人驾驶时不会偏离车道并能顺利通过大桥。自动收费装置将阻截"逃票"车辆，交费足额才可放行。桥体内的传感器可测出大桥各部位的危险及潜在故障，并及时发出警报。严寒的冬季桥墩上的自动加热系统会启动吸收地热，将地热传向桥面融化冰雪；超载汽车、列车通过大桥之前，会被装在桥头的传感器感测出来，及时传到智能装置，桥头放行栅栏将自动关闭，以防桥梁超载发生危险。

　　而电影《雷神2》中海姆达尔守护的那座"彩虹之桥"，用科学理论解释就是爱因斯坦—罗森桥，是宇宙中可能存在的连接两个不同时空的狭窄隧道，也就是虫洞。科学家提出的两种虫洞，一个用于在我们所处的宇宙进行星际旅行，一个用于往返于不同宇宙之间。天体物理学家认为虫洞是一种天然的时间机器，维持虫洞的开放可以使我们回到过去或者进入未来。当然，还没证据显示宇宙中存在"宏观虫洞"。相信在遥远的未来，会有"彩虹之桥"出现在我们的生活中，让科幻变成现实。